話すより10倍ラク!

57 Lessons for
Making Good
Conversation

新 聞く会話術

西任暁子

Discover

The greatest good you can do
for another is not just to share
your riches but to reveal to him his own.

Benjamin Disraeli

他人にしてあげられる最も素晴らしいことは、
富を分け与えることではなく、
その人の中にある豊かさを示してあげることである。

ベンジャミン・ディズレーリ
（イギリスの政治家）

はじめに

あるイギリスの女性が、二人の政治家とそれぞれ別の日に食事をしました。
そして言いました。

「最初の男性は、イギリスでいちばん頭のいい男性だと思いました。そしてもう一人の男性は、私がイギリスでいちばん賢い女性だ、と思わせてくれました」

さて、あなたが話したいのはどちらの男性ですか?

二人はどちらも、19世紀後半のイギリスで二大政党の代表として活躍した政治家です。前者はウィリアム・グラッドストン、そして後者はベンジャミン・ディズレーリ。

グラッドストンのように仕事ができて頭が良く会話も面白い人は、もちろん魅力的です。一緒にいれば、きっと楽しい時間を過ごせることでしょう。

でも、「また会いたい」と思われるのは、ディズレーリのように相手の魅力を引き出して輝かせる人ではないでしょうか。

私はこれまでラジオＤＪとして、５０００人を超える方々にインタビューさせていただきました。

スティーヴィー・ワンダーにエルヴィス・コステロ、ビヨンセといった海外のスーパースターから、渡辺謙さん、竹内まりやさん、木村拓哉さんなど日本を代表する大スター、またＪＡＬを再建された経営者の稲盛和夫さん、筑波大学名誉教授をつとめられた村上和雄さんなど経営者や文化人の方にもお話を伺ってきました。

インタビューのほとんどは初対面です。しかも生放送という緊張感のある状況で、時間は10分から長くても1時間ほど。どうすれば出会ったばかりの方に心を開いて話していただけるのか、失敗を重ねながら探してきました。

経験が浅い頃は、ロックバンドのメンバーとケンカしそうになったり、出演直前になって「こんな番組には出ていられない。帰る」と言われて、泣きながらインタビューをしたこともあります。

お世辞にも聞き上手とはいえないDJでしたから、井上陽水さんに「西任さんが話しやすいから、コメント収録の相手をお願いしたい」とご依頼をいただけたり、「西任さんのインタビューは話しやすい」と平原綾香さんに言ってもらえたりしたことは、本当に大きな励みになりました。

その後、スピーチコンサルタントとして、スピーチライティング、営業での話し方、新卒採用の面接やファシリテーションなど、さまざまなコミュニケーションのお手伝いをさせていただきました。

そうした四半世紀の経験から学んだのは、「ありのままを受け入れることの大切さ」です。

誰もが話を聞いてほしい、自分をわかってほしいと願っています。時に建設的な否定や批判も大切ですが、ありのままの自分を受け入れてもらえると、私たちは安心して心を開いていられます。自分を守る必要がないからです。

何を言っても、叱られたりバカにされたりしないと思える会議なら、発言は増えるでしょう。

本音を伝えても関係が壊れないと信じられるとき、思っていることを正直に伝え合うようになります。

大切なことは、ありのままのその人を受け入れ、安心してもらえる場をつくること。

それは、誰にだってできることです。自分から話すのが苦手な人でも大丈夫。場づくりには、聞くことのほうが大切だからです。

安心な場をつくる聞き方の秘訣——それをひとことで言うならば、「相手の輝きを引き出すこと」。

相手の良いところを見つけて、その人が輝く舞台をつくるような感覚です。そこでは、その場にいるすべての人が楽しくなるでしょう。誰かの魅力に出会えることは、みんなにとってとても喜びだからです。

この本では、そのための方法を5つのステップでご説明していきます。

相手の輝きを引き出す5つのステップ

①相手を好きになる
②相手が話しやすい場をつくる
③相手を褒めて心を開いてもらう
④相手が話したいことを引き出す
⑤相手の話を盛り上げる

まずは、「相手を好きになる」のが最初のステップです。

いきなりハードルが高いと思われるでしょうか？　私もインタビューでお会いするゲストの方の中には、苦手と感じる人や興味を持てない人もいました。そうした気持ちのままインタビューに臨んでいたので、はじめの頃は失敗の連続です。

「だったら好きになればいいじゃない！」と考え方を変えたところ、いろんな方に会えることが楽しくなりました。

相手に好きになってもらえるのはもちろん嬉しいことですが、自分から好きになれるのはもっと嬉しいものです。

それでもやっぱり苦手な人と話すときは、どうすればいいのか。心がラクになる対処法についてもお伝えします。


第2ステップでは、相手が話しやすい場をつくります。目線や声、身体の向きなど、全身を使った5つの方法で少しずつ会話の場をあたためていきましょう。相手が話に乗ってくれないなど、気まずい雰囲気からの脱出法もご紹介します。

つづく第3ステップでは、相手の魅力を言葉にして伝えます。

「素敵だな」と感じても、いざ言葉にするのは少し照れくさいかもしれません。「自分はそんなキャラじゃない」。そう思う自分の枠を、超えてみませんか？　きっと新しい世界が待っています。

相手の良いところを見つけられないという人も大丈夫。探し方や、どんな言葉にすればいいのかという具体的な褒めレシピ、また相手が謙遜してちょっと気まずくなったときの返し方もお伝えします。

第4ステップでは、相手が話したいことを引き出す質問の技を身につけます。ポイントは、「ここを聞いてほしい」という心のスイッチを見つけること。そもそも、何を聞いていいのかわからないという方には、基礎編から始めて少しずつレベルアップしてもらえるよう、4段階に分けて質問法をご紹介しています。

いよいよ最後の第5ステップは、話が途切れずにふくらんでいく、場の盛り上げ方です。

会話は生き物。丁寧な水やりや草抜きが植物を育むように、ちょっとした心遣いで会話はイキイキしてきます。反論しても盛り下がらない言い方や、話が長い人への伝え方、また短時間でも深くつながれる共感についても書きました。

さあ、5つのステップで相手の魅力を引き出す聞き方を身につけたら、コミュニケーションはもっと楽しくなるでしょう。

みんなが心を開いて会話を楽しめる。

そんな場づくりで、あなたもまわりも幸せになれる、ハッピー・コミュニケーションの始まりです。

※本書は、2015年1月に小社より刊行された同名書籍に新章（6章 オンラインではどう話す？）を加筆し、全面的に文章をリライトした改訂版です。

話すより10倍ラク！ 新 聞く会話術 もくじ

CHAPTER 1 相手を好きになる

CHAPTER

2 相手が話しやすい場をつくる

CHAPTER
3 褒めて心を開いてもらう

CHAPTER 4

相手が話したいことを引き出す

CHAPTER 5

話を盛り上げる

CHAPTER 6
オンラインではどう話す？

CHAPTER

1

相手を好きになる

LESSON

01 相手の好きなところを見つける

相手を輝かせる最初の一歩は、その人を好きになることです。

「そう言われても、好きになるのは感情だから仕方がない」と思われるかもしれません。私もそう思っていました。

ラジオDJとしてインタビューをしていると、なかには興味を持てないゲストの方もいます。そんなときは、「聞きたいことが浮かばなくても仕方がない」とあきらめていたので、なかなかうまくいきませんでした。

そこで考えたのは、好き嫌いを変えられないかということです。

振り返ってみれば、昔は興味のなかったことに今は興味があったり、苦手だと思った人と後から仲良くなったりすることはよくあります。第一印象は、思っているよりもあいまいだと気がついたのです。

ところが人間関係は、第一印象に大きく左右されます。最初に「苦手」「興味がない」と思うと、それ以上相手のことを知りたいと思えません。

でも、逆の立場だったら、第一印象だけで決めないでほしいと思いますよね。

そこで、**最初に感じた印象がどんなことであれ、ちょっとだけその気持ちを横に置いて、その人の良いところを探してみます。**すると、気づかなかった良いところが見えてくるから不思議です。目には入っていても、見えていないことがたくさんあるのですね。

大切なのは、どんなことでもいいので、心から「いいな」と感じられることです。

「シャツにピシッとアイロンがかかっている清潔感がいいな」

「ナチュラルメイクで、さばさばした感じが素敵」

「肌がつるっとしていて健康的」
「まっすぐな目をした人だな」

心から「いいな」と思う何かを見つけると、自分が嬉しくなります。人の魅力には、まわりを嬉しい気持ちにする花のような美しさがあるからです。

「大丈夫？」と言ってくれた笑顔がやさしかった。
飲み会で一人ぼっちになっている人に気づいて、声をかけていた。
誰も見ていないところでゴミを拾っていた。

まわりの人に「いいな」と思えるようになると、心があたたかくなるでしょう。
人と出会えることが楽しみになります。
誰に会っても良いところが見えるので、気がつけばまわりはいい人ばかりです。

また、**人の良さに目を向けていると、自分の良さも見えるようになってきます。**

相手は自分の鏡だからです。
結果として、自分と一緒にいる一人の時間も楽しくなるでしょう。

誰もが愛されたいと願っています。
それならまずは自分から、まわりの人の「いいな」探しを始めてみませんか。

POINT

- 相手の魅力が見えると、質問がどんどん浮かぶ
- 「いいな」と感じた心は、拙い表現でも伝わる
- 人の良さに目を向けていると、自分の良さも見えてくる

LESSON

02

会う前に3つのことをリサーチしておく

ある研修旅行に参加したときのことです。事前に届いた参加者名簿にはこう書かれていました。

「ブログやフェイスブックで、お互いのことをある程度理解したうえでご参加ください」

初対面の会話では、お互いの情報を少しずつ交換しながら、時間をかけて心を開いていきますが、事前に相手のことがわかっていれば、心は自然に開きやすくなります。

そこで、お会いする前に名前がわかる場合は、ＳＮＳで検索したり、周囲の人に話を聞いたりするなどしてリサーチしてみませんか。
そのとき、3つのことを意識するといいでしょう。

①自分との共通点
②好きなところ
③聞いてみたいこと

初めて会った人と、偶然同じ高校に通っていたことがわかって盛り上がった！　そんな経験はありませんか？　同じ出身地、同じ部活動、同じ趣味など、共通点が見つかると嬉しくなりますし、何よりも安心します。「同じ」という感覚が安心をもたらすからです。

また、相手の好きなところが事前に見つかれば、実際に会って、その魅力に触れられること、話を聞けることが楽しみになります。具体的に聞いてみたいこともいくつか準備しておけば、会話のとっかかりもつくりやすいでしょう。

ちなみに、リサーチを終わりにするタイミングを見つけるのは、意外とむずかしいかもしれません。相手のことを知れば知るほど、不安が和らぐような気がするからです。

私は、本番で質問が浮かばなかったらどうしようと不安になると、たくさんの資料を読み込んで自分を安心させようとしていました。ところが、準備をしすぎたインタビューはうまくいきません。質問の答えをすでに知っていると思ってしまい、興味を持って話を聞けなくなってしまったからです。

ご縁をいただいて、せっかくお会いできたのです。目の前にいる方との時間を、大切に過ごせたらいいですよね。

そのために行うリサーチの目的は、心を開いてワクワクした気持ちで初対面のときを迎えられるようにすることです。「会いたい」「話を聞きたい」と感じたら、そこでリサーチはおしまいにしましょう。

POINT

・事前にリサーチする3つのこと
①自分との共通点
②好きなところ
③聞いてみたいこと
・会うのが楽しみになったら、そこでリサーチは終わりにする

LESSON

03

相手の「好きなところ」を自分の言葉で伝える

時間をかけてリサーチできるときは、ゆっくり準備してみてほしいことがあります。前項でご紹介した3つのリサーチのふたつめ、「好きなところ」を伝える言葉探しです。

「いいな」と感じたことを伝えたくても、すぐには言葉が見つからない場合もありますから、前もって自分の言葉で伝える準備をしておこうというわけです。

イギリスの有名ミュージシャン、エルヴィス・コステロにインタビューしたときのことです。それまで彼の音楽をほとんど聴いたことがなかった私は、準備をしながら不安な気持ちに押しつぶされそうでした。

「ファンの人にがっかりされたらどうしよう」「コステロさんにつまらない質問だ

と思われるかもしれない」など、今思えば自分の評価が下がることが怖かったのですね。

彼の歴史と人となりをリサーチして質問もたくさん考えましたが、不安はおさまりません。そこで『ノース』という当時の最新アルバムを、じっくり聴いてみることにしました。それは、とても素敵な作品でした。いい音楽に出会えて嬉しくなった私は、その魅力をなんとかお伝えしたいという気持ちでいっぱいになり、そこだけは拙くても英語で伝えようと言葉を探したのです。

迎えた本番当日、TOKYO FMに来てくれたコステロさんの第一印象は、「大きい！」。その威圧感にやや圧倒されながらも、まず目に入ったのはショッキングピンクのネクタイです。さりげなく浮き上がる桜模様は、日本を意識してくれたのかなと思うと嬉しくなりました。カフスボタンは、左右で色が異なっています。なんておしゃれな方なのでしょう。ラジオは聴いている人に姿が見えないため、ラフな格好でいらっしゃる方も多いのですが、上質なスーツと細部にこだわるたたずまいは、それだけですでにギフトでした。

ところがコステロさん、その日はあまり機嫌が良いとはいえないご様子。笑顔がまったくないうえに、聞こえてくる英単語はむずかしいものばかりで、通訳の方なしには何を言われているのかさっぱりわかりません。

こんな拙い英語で大丈夫かな？　私は不安になりながらも、精一杯アルバムの感想を伝えました。

「まるで、一本の映画を観ているようなアルバムでした。曲が終わるたびに、次はどうなるんだろう、次はどうなるんだろうって、物語に引き込まれていくんです。あっという間にアルバムを聴き終えた後は、その世界観にしばらく浸り、またすぐに聴き返したくなりました」

その瞬間です。

「バチン」とスイッチの入る音が聞こえたかと思うほど、コステロさんの気配が変わりました。「そうだよ！　そうなんだよ」と声を大きくしながら身を乗り出し、アルバムに込めた思いを語ってくれたのです。

実はこの頃、前妻と別れたばかりだった彼は、ジャズシンガーの女性とお付き合いしていることが知られていました。その影響を受けた作品『ノース』は、それまでと比べてぐっとジャズ寄りのサウンドになり、ロックなコステロを愛するファンからは、あまり支持されていなかったのです。

彼はこう続けました。

「音楽は、大きな音を出せばみんなが聴いてくれるわけじゃない。たとえ小さな音でも、いいものは必ず聴いてもらえる。話だってそうだろう。大声を張り上げれば、かえって人は耳をふさぎたくなるんだ」

彼が新しい音楽性をファンに受け入れてもらえずに苦しんでいることを、私は知りませんでした。でも心から「いいな」と感じて伝えずにはいられなかった言葉は、コステロさんの心を開く鍵になってくれたのです。

相手の好きなところを伝える言葉探しには、手づくりのプレゼントを用意するような楽しさがあります。奇をてらう必要はありません。「いい言葉」や「かっこいい言葉」も必要ありません。**大切なのは、自分の心にしっくりくる言葉、自分の心につながる言葉を見つけることです。**

もし納得のいく言葉が見つからなかったとしても大丈夫。心配しないで伝えてみてください。相手を思いながら言葉を探したあなたの時間は、きっと伝わります。手づくりのものって、たとえ不恰好でもいろんな思いが伝わってきて嬉しくなりますよね。大切なのは、かっこいい言葉よりも伝えたい気持ちです。

POINT

- 「好きなところ」を伝える自分の言葉を探してみる
- 言葉探しにかけた心が、相手への贈り物になる

LESSON

04

苦手な人に会う前には、「つくり笑顔」の力を借りる

相手の良いところを見ようと思っても、怖そうな人に会うと、それどころではありません。緊張で硬くなれば、言葉も出てこなくなるでしょう。

そんなときは、「つくり笑顔」に力をもらいませんか。

これまでインタビューした著名人の中には、ちょっと怖そうな方もいました。マネージャーさんも気をつかうロックスター。サングラスで表情がわからないタレントさん。打ち合わせのときに、一度も目を合わせてもらえないこともありました。

そんなときは緊張して、何度もお手洗いに行きたくなります。鏡を見れば、今にも泣き出しそうな顔が目に入り、気分は沈んでいくばかり。そこで無理やり口角を上げてみると、あら不思議、なんとなく明るい気分になるではありませんか。最初

はひきつって顔がヒクヒクしますが、馴染んできたら明るい気分でスタジオへレッツゴー。怖そうな人も親戚のおじさんのように思えてきて、楽しいインタビューになったことが何度かありました。

それが脳の特性だと知ったのは、ずいぶん後になってからのことです。なんと脳は、つくり笑顔と本物の笑顔を区別できないらしいのです。

口角を無理やり引き上げて笑顔をつくっても、脳は表情筋の動きから「笑っている」と認識します。だから気持ちが明るくなるのですね。気がつけば、つくり笑顔は本物の笑顔になっているのですから、なんてありがたい勘違いでしょう！

勘違いといえば、苦手と感じるのもちょっとした勘違いだといえます。

出会ったばかりのよく知らない人を苦手だと思うのは、かつて嫌な思いをした人に似ているからかもしれません。自分を守ろうとする本能が、また嫌な思いをしなくていいように警戒心を呼び起こしてくれるのです。

でも、初めて出会うその人は、よく似た別の人。同じ思いをするとは限りません。

また、苦手意識を持つのは、人間に対してだけではありません。たとえば一度犬にかまれた人は、犬という犬がすべて怖くなります。とはいえ犬には、凶暴な犬からおとなしい犬までいろいろですから、落ちついて考えてみれば、すべての犬を怖れる必要はないことがわかります。

自分を守ろうとしてくれる本能のはたらきはありがたいものです。今こうして生きていられるのも、知らない人や動物を警戒しながら生き延びてくれたご先祖様のおかげです。

でもここはもう、危険と隣り合わせのジャングルではありません。笑顔の力を借りて、警戒心にお休みしてもらいましょう。

POINT

・初対面や苦手な人に会う前は、つくり笑顔をする
・緊張するのは、自然なこと。警戒心に感謝して休んでもらう

LESSON

05

マイナス面しか見つけられないときは、言いかえる

やっぱりマイナス面しか見つけられない……そんなときは、言葉の力を借りましょう。**マイナス面をプラスの言葉に言いかえると、相手の魅力が見えてきます。**

たとえば、「全然しゃべらなくて何を考えているのかわからない」と思ったら、「物静かで神秘的な人だ」と言いかえることができます。言葉が変わるだけで相手の見え方が変わり、苦手意識も薄くなるでしょう。

そもそも長所と短所は、違う角度から見ているだけで、根っこは同じです。「長所は短所」ということわざもあるように、長所も度を過ぎると見方によっては短所になります。

たとえば、真面目なのはいいことですが、視野が狭くなったり、頭が固く融通が利かないという面もあります。英語にもExtremes meet.（両極端は一致する）という

……。
物静かで
神秘的な人だ
何を考えているのか
わからない
違う角度で見てみる

表現があるように、長所と短所はコインの裏表の関係ですから、同じ、ひとつのことなのです。

私の短所は、批判的でお節介なこと。映画を観れば「あのストーリーの展開には心がついていけない」、食事をすれば「スープがぬるい」など、いつも批判が浮かびます。浮かぶだけならまだしも、つい口にしてしまうこともしばしば。自分としては、建設的に改善点を述べているつもりなので、悪いことをしている感覚はないのですが、友人からは、「もっと楽しもうよ」と言われていました。

ところが、あるとき、それが長所に変わります。大事なプレゼンテーションの練習をする知人に改善点を伝えたところ、「目からうろこだ」と大変喜ばれたのです。「もっと教えてほしい」と言われた私は、水を得た魚のよう。それがのちに、仕事へとつながりました。

短所とは、人と違うところです。場やタイミング、表現が変われば、相手に喜んでもらえる長所になり得ます。だから、長所が見つからないときは、短所をひっくり返してみてください。

短所は、未来の長所です。

誰かに喜ばれる場所と方法に出会えれば長所という花になる、つぼみなのです。

POINT

・マイナス面はプラスの言葉に言いかえる
・短所は、未来の長所

COLUMN

01

言いかえてみよう！

マイナス面の言いかえは、語彙力をきたえるトレーニングにもなります。次のマイナス面を、プラスに言いかえるとどうなりますか？

①「よくしゃべってうるさい人だな」
②「不機嫌で怖そう」
③「話が長い人だな」

↓

〈回答例〉

①「弁が立つ」
「人を楽しませようというサービス精神が旺盛だ」
②「威厳がある」「堂々としている」
③「丁寧に伝えようとする心遣いができる人だな」

言いかえ力を身につけるには、ネガポ辞典というアプリや、『よけいなひと言を好かれるセリフに変える言いかえ図鑑』（サンマーク出版）という本なども参考にしてみてください。

LESSON

06

のどのウォームアップで心もアップ

しばらく誰とも話さずにいたら、いざ話そうとしたときにうまく声が出なかった。そんな経験はありませんか？

のどは生きた楽器ですから、急に声を出すと負担がかかります。スポーツ選手が準備運動から始めるように、会話ものどの準備運動から始めましょう。

のどの準備には、いろいろな呼吸法や発声練習がありますが、ここでは3つご紹介します。

まず最も簡単な方法は、**息を吐き切る**ことです。呼吸というと、息を吸うことに意識が向かいがちですが、身体はたくさん息を吐くとたくさん吸うようになっています。ところが日常生活では息を吐き切ることが少ないため、浅い呼吸になりがちです。

そこで、細く長く息を吐いてみましょう。ポイントは、「もうこれ以上は絶対に吐けない！」というところまで吐き切ること。2～3回おこなうだけで呼吸にまつわる筋肉が目覚めて、大きく通りやすい声になります。

つづいて、**舌のストレッチ**です。舌はすべて筋肉ですから、思った以上に凝っています。上に下に、右に左に、ゆっくりと順に押し出してみましょう。余裕があれば右斜め上から左斜め下、左斜め上から右斜め下にも、ぐっと舌を突き出してみてください。これだけで滑舌が良くなります。

最後は、**のどを開く発声法**です。口の中にカポッと入れたゆで卵を、のどの上奥にキープするイメージで「ほんぐぁ」と言ってみてください。のどの天井がドームのように丸く広がる感じがしませんか？　アルファベットで書くと「ｈｎｇｕｈ」というサウンドです。いろいろな高さの声で言うと、のどはさらに広がって声が響きやすくなります。

ほんぐぁ
カポッ
ツルッ

このような準備運動をしておくと、声だけではなく心もあたたまりますから、コミュニケーションの準備にはぴったりです。好きな音楽を聴きながら一緒に歌うのもオススメですよ。

人に会う前に身だしなみを整えるように、これからは声も整えてあげてましょう。

POINT

・細く長く息を吐き切る
・舌を突き出すストレッチで滑舌改善
・いろいろな高さの声で「ほんぐぁ」と言ってのどを開く
・声を出すと、のども心も準備できる

CHAPTER 1

好意を受け取ってもらうためのチェックリスト

- □ 相手の好きなところを見つけて率直に伝える
- □ 事前に3つのことをリサーチする
  ①自分との共通点　②好きなところ　③聞いてみたいこと
- □ 「好きなところ」を伝える自分の言葉を探してみる
- □ 苦手な人と会う前に、つくり笑顔で不安を和らげる
- □ 相手のマイナス面は、プラスの言葉に言いかえる
- □ いろいろな高さの声で「ほんぐぁ」と言ってのどを開いておく

CHAPTER

2

相手が話しやすい場をつくる

LESSON

07

目線を合わせてから話しかける

場をあたためる5つのステップ①

相手を好きになったら、今度は相手が輝くための舞台づくりです。心を開いて話せる安心の場をつくっていきます。

最初の一声は、あなたからかけられるといいですね。自分から話しかけるのは勇気がいりますが、話しかけられたら嬉しいもの。話しかけることは、それ自体がすでにプレゼントです。

まずは目線を合わせて、話しかけるタイミングをつかみましょう。目が合うと相手も心の準備ができますから、それだけで小さな安心です。もし後ろから急に話しかけたら、相手を驚かせてしまいます。細かなことですが、**まず相手に目線を向け**

て、目が合ってから話し始める。心を開いて会話を始めるために大切にしたい、最初の一歩です。

話しかけるタイミングをつかみづらいのは、パーティーや異業種交流会でしょうか。知らない方ばかりの場では、誰に話しかけていいのかわからなくて、ついお料理に走りたくなりますよね。

そんなときは笑顔でまわりを見てみてください。そして目が合ったら、すぐに挨拶です。むずかしく考える必要はありません。「こんにちは」と笑顔で声をかけたら、会話の始まりです。

まわりを見るときは、「この場をみんなで楽しみたいな」「今日はどんな素敵な人に会えるかな」とワクワクする気持ちに意識を向けると自然な笑顔になるでしょう。

仕事の商談や打ち合わせなども、まず目線を合わせることから始めます。挨拶や名刺交換、ちょっとした雑談の前に、「あなたに会えて嬉しいです」という気持ちで目線を合わせると、それだけで会話の質が変わるでしょう。

POINT

・話しかけることはプレゼント
・話す前にまず目線を合わせる
・目が合ったら笑顔で挨拶をする

LESSON

08

明るい笑顔と明るいトーンの声で話しかける

場をあたためる5つのステップ②

何を言えばいいのかわからなくて、目が合ってもそらしてしまう……。そんなあなたも大丈夫！　目が合ったら、最初にするのは挨拶です。挨拶は、時間帯によって決まっていますから簡単です。

朝なら「おはようございます」
昼なら「こんにちは」
夜には「こんばんは」「おやすみなさい」
そんなシンプルなスタートでいいのです。

挨拶をするときに大切なのは、「何を言うか」ではなく「どう言うか」。挨拶をする声のトーンで、会話のスタートラインが決まります。

もし小さな声で自信なさげに「こんにちは」と話しかけると、相手もそれに合わせた小さめの声になるでしょう。最初に投げられたボールが基準になって、続くボールはそれに合わせられることが多いからです。

朝起きて最初に聴く音楽は、午前中いっぱいの気分を左右すると聞いたことがあります。「最初の音」には大きな影響力があるのですね。

明るい声の挨拶は、明るい会話につながります。明るい声をつくるのは笑顔です。口角を上げて声を出すと、自然と明るいトーンになります。顔の表情は、声の表情そのもの。しかめっ面で明るい声を出すのはむずかしいし、逆に笑顔で暗い声を出すのもむずかしいでしょう。

明るく笑顔で挨拶をする。

当たり前のことを言うようですが、意外にできていないものです。

かくいう私もやっているつもりでしたが、できていないと教えられたのは、都田建設の社員さんの笑顔でした。「おもてなし経営企業選」にも選ばれた都田建設さんの見学に伺ったとき、迎えてくださる皆さんの笑顔がとにかくあたたかくて涙が出てきたのです。

笑顔を見ただけで涙が出るなんて初めてのことでした。笑顔ってすごいな、いつか自分もこんなふうに笑えるようになりたいな、と感じさせてもらった、大切な学びの体験です。

また、話し方教室でこんな実験をしたことがあります。

5〜6人のグループで自己紹介をしてもらった後に、「今、自分は笑顔だったと思う人?」とたずねます。8割くらいの人が手を挙げました。

次に「自分のグループの中で、笑顔だった人は何人いますか?」とたずねると、2〜3人と、グループの半分ほど。自分では笑っているつもりでも、まわりからは笑っていないように見えるのですね。

私たちは、鏡なしに自分の顔を見ることができません。笑っているつもりのとき、実際はどんな顔をしているでしょうか？

もし笑顔に見えない場合は、練習しましょう。**笑顔の練習は、朝いちばんがオススメです。**脳が「笑顔で一日が始まった」と思ってくれるので、快活なスタートを切ることができます。アメリカのレーガン元大統領も、毎朝、家を出る前に笑顔の練習をしていたそうですよ。

さあ、鏡の前で、口角をキュッと引き上げて笑ってみましょう。普段笑顔が少ない人は、ほっぺがプルプル、ヒクヒクするかもしれませんが、筋肉が硬くなっているだけですから安心して続けてください。そのうちにやわらかく動くようになります。

あんまり硬いときは、マッサージでほぐしてあげましょう。お風呂の中でおこなうのがオススメです。いつも矢面に立ってまわりと接してくれている顔は、想像以上に緊張して疲れています。

笑顔でたくさん顔を動かして表情筋がやわらかくなると、心もやわらかくなりますよ。

POINT

・挨拶は、どう言うかが大切
・笑顔で声を出すと、明るい声になる
・一日を笑顔で始める

LESSON

09

身体の表面積で興味を示す

――場をあたためる5つのステップ③

目線を合わせて笑顔で挨拶をしたら、今度は身体の向きを確認します。

あなたの身体は、〝何パーセント〟相手に向いていますか？

目線を合わせるといっても、眼球だけを動かす人もいれば、首から上の頭全体を動かす人もいるでしょう。胴体部はどちらを向いていますか？　膝は相手に向いているでしょうか？


これまで、身体の向きを意識して話を聞くことは、あまりなかったかもしれません。でも話しかけたときに、スマホを見たまま声だけが返ってくると、少し寂しい気がしませんか？　スマホを置いて目を見て話してくれたら、大切にされている感じがすると思います。

実際、聞き上手な人を観察すると、身体が聞き手に向かっていることに気がつきます。意識してそうしているというよりは、「もっと話を聞きたい」という気持ちから自然にそうなるようです。相手の魅力に向かう身体は、まるで太陽に向かうひまわりのようですね。

座っているときも、お尻を動かすと身体を相手に向けることができます。真正面で向き合うより、横並びや120度くらいの位置のほうが話しやすいでしょう。

聞き手の身体の向きひとつで話しやすさが変わる。そのことを実感するのは、人前で話すときです。島型と呼ばれる配置で聞き手の身体があっちこっち向いているよりも、扇形でみんなが前を向いているほうが集中しやすい場になります。講演や研修などをされる方は、聞き手の身体が話し手に向かうように椅子を並べてみてください。

話を聞くときにまず意識を向けたいのは、非言語で相手に伝わっているメッセージです。目線、笑顔、身体の向きといった非言語のコミュニケーションを意識すると、場の話しやすさは大きく変わります。
まずは、普段会話をするときに自分の身体がどちらを向いているか、気づくことから始めてみてください。

POINT

・身体を相手に向けて話す
・言葉と同じくらい大切な非言語メッセージを意識する

LESSON

10

共有する事実でつながる

場をあたためる5つのステップ④

目線を合わせて笑顔で挨拶をし、身体を相手に向けたら、いよいよ会話のスタートです。

最初は、相手と共有している事実から話すのがいいでしょう。せっかちさんは前置きをとばして本題に入りたくなるかもしれませんが、まず共有している事実を話題にすると場があたたまります。

たとえば映画館では、はじめに予告編を観ることで気持ちが盛り上がっていきますね。もし急に本編が始まったら、仕事やメール、電話など日常のあれこれが気になって、すぐには集中しづらいでしょう。

会話の場合は、お天気や目の前にあるものなど、一緒に見たり感じたりしている事実について一緒に話すのがオススメです。何かを共有すると、つながりができて安心するからです。

生放送バラエティ番組として、単独司会と放送回数でギネス最多記録に認定されたテレビ番組「笑っていいとも!」のオープニングは、まさにそんなやりとりでした。

「今日も、寒いですね」
「そうですね」
「皆さん、そのわりには薄着ですよね」
「そうですね」
「ノースリーブの方もいますよ」
「そうですね」

司会のタモリさんが、スタジオの観覧席に座るお客さんに共有する事実を投げかけると、お客さんは声を合わせて「そうですね」と言葉を返します。肯定の言葉を繰り返し口にすると心がほどけていきますから、お客さんはリラックスして番組を楽しめたでしょう。

リラックスすると、大きな声でたくさん笑ってもらえます。観覧席の笑い声は、バラエティ番組にとって欠かせないサウンドです。その声を聞くことで、出演する人のトークも弾み、さらに笑いが起こって、お茶の間の視聴者も楽しめる。何気ないやりとりに思えるオープニングには、大きな効果があったと思います。

共有する事実として話題にしやすいのは、やはりお天気でしょう。

「久しぶりに晴れましたね」
「今日の最高気温は、17度だそうですね」

今いる場所も、共有している事実ですね。

「広くて新しい会議室ですね」

「東京タワーがきれいに見えますね」
「天井が高くて、開放感のある場所ですね」

座っている椅子やテーブルも話題にできます。

「この椅子は、ふかふかですね」
「きれいに磨かれたガラステーブルですね」

飲んでいるお茶や器も、目に入るでしょう。

「香りのいいお茶ですね」
「持ちやすいカップですね」

共有する事実といっても、むずかしく考える必要はありません。**「いいえ」と言いづらい事実を見つけて、言葉にするだけです。**

展示会やセミナーでは見えるものがたくさんあるので、共有している事実を探しやすいでしょう。

「あのブースは賑やかですね」
「今年は、出展ブースの数が例年より多いですね」
「今日は、皆さん早めにお越しになっていますね」

知らない人が多いパーティーでは、主催者や主旨、お料理なども共有していますね。

「今日はめずらしいお酒がいただけるそうですね」
「主催者の○○さん、今日はいつもと違って和服ですね」
「今日は、お料理の種類がすごく多いですね」
「デザートが出てきたみたいですね」

このように、一緒に見ている事実を言葉にすると、相手は「そうですね」と肯定してくれるでしょう。同じ何かを共有しているという感覚、そして繰り返される肯定的な言葉によってお互いがリラックスしますから、会話をスムーズに進めやすくなります。

このとき、共有する事実でも否定的な発言は控えたほうが良さそうです。

×「この会議室は少し広すぎますね」
×「今日はお料理の数が少ないですね」
×「主催者の○○さん、今日はいつにも増して気合が入っていますね」

このように**「事実を言ったつもりが自分の考えを述べている場合」に、否定的な発言になることが多いでしょう。**会議室を広すぎると捉えたり、お料理の数が少ないと感じたりするのは、事実ではなく主観です。「気合が入っている」というのも、その方の言動や髪形、衣装などから判断した自分の見方ですね。

共有する事実は同じでも、事実をどう受け取るかは人それぞれです。そのため、自分の考えを述べると「そうかなあ。私はそう思わないけどなあ」という反論が生まれて、つながりを感じにくくなります。

もちろん自分の考えを述べてもかまいません。ただ少し場があたたまってからのほうが、伝わりやすくなるでしょう。

POINT

・会話のはじめに、共有する事実で場をあたためる
・肯定語が繰り返されると、心が開く

LESSON

11

自分の答えを伝えて先に自己開示する

場をあたためる5つのステップ⑤

つづいては質問です。質問は、先ほど話題にした共有する事実にまつわることから始めると自然な流れになるでしょう。

このとき、質問の仕方にちょっとコツがあります。

「天井が高くて、明るいお部屋ですね」（共有事実）

「そうですね」（相手の共感）

「ここへ来るのは今日が初めてなんですが、○○さんはいらしたことがありますか?」（質問）

このように、**質問する前に、自分の答えを言う**のです。

この質問を「自分の答え」と「質問」に分けると、こうなります。

「ここへ来るのは今日が初めてなんですが、」（自分の答え）
「○○さんはいらしたことがありますか？」（質問）

あなたが答えを先に言って自己開示すると、質問された人は安心します。「これって、覚えているかどうかを試されてるのかな？」といった余計な心配をしなくて済むからです。

質問に答えるとき、「これを言ったら、相手にどう思われるだろう？」と一瞬思いを巡らすことがありませんか？　何をどこまで言っても大丈夫なのかを確認したくなるのは、不安だからです。でも先に答えを言ってもらうと、「ここまで言ってもいい」という許可をもらえたように思えて安心できます。

「香りのいいお茶ですね」（共有事実）

「そうですね」（相手の共感）
「（私は）いつもコーヒーばかりなので、詳しくないのですが、」（自分の答え）
「（あなたは）これは何茶かおわかりになりますか？」（質問）

この場合、あなたがお茶には詳しくないと先に伝えたことで、相手は自分がわからなくてもバカにされたりしないと安心できるでしょう。もし知らなかったとしても、正直に語って大丈夫だと思えるのです。

もし質問だけを伝えたら、「もしかして誰もが知っている有名なお茶なのかな？それを知らないのは恥ずかしいことなのかもしれない」など、いろんな心配が頭をよぎるかもしれません。何かを知っているかどうかをたずねる質問は、相手を試すときにも使われるからです。

私たちはこのように、会話をしながら無意識のうちに安全領域を確認しています。

お互いのことがよくわからない初対面のときはなおさらです。

「どこまで本音を言っても大丈夫だろう?」

「変に思われないかな?」

質問についてくるこんな不安は、あなたが答えを先に言うことで解消されるでしょう。

POINT

・自分の答えを先に言って、相手に安心してもらう
・知識をたずねる質問は、試されているようで不安を感じやすい

LESSON

12

予想外の答えも受け入れる

――相手が話に乗ってくれない！ 気まずさ脱出法①

食事会に参加したときのことです。

ある男性が、近くの席に座ってワインを飲んでいる女性に声をかけました。

男性「ワイン、お好きなんですか？」

女性「いいえ」

男性「……」

こんなふうに相手が話に乗ってくれないときは、なんとも気まずい雰囲気になりますね。そんなときは、この言葉を思い出してください。

「どんな答えも受け入れる」

自分の質問に対する答えが予想と違っていたり、自分とは違う価値観だったりしたとしても、それを相手の考えとして受け入れます。受け入れるとは、「相手がそう思っているという事実」を受け入れるということです。自分に嘘をついて相手に同意することではないので、安心して受け入れてください。

受け入れたら、それを言葉で伝えます。

「そうですか。ワインはお好みではないんですね」

相手が投げてくれたボールをキャッチする感覚です。ボールはパシッと音がするので受け取ったことが相手に伝わりますが、会話の場合は言葉にしなければわかりません。あなたが心の中でちゃんと受け取っていても、外からは見えないし、音も聞こえないからです。

また、受け取ったことを言葉にすると、相手の発言を落ちついて感じることができます。受け取ったボールの感触を手の平で感じるように、相手の言葉を心でも味わうような感覚です。

誰だって、自分の話はしっかり聞いてほしいし、自分の考えを尊重してもらえたら嬉しいですよね。**だから話を聞くときは、どんな答えが返ってきてもまずはしっかりキャッチして、受け入れたことを言葉にして伝える。**

そうして信頼が生まれると、相手は安心してあなたに次のボールを投げられるでしょう。

POINT

・どんな答えも受け入れる
・相手の答えを受け取ったことを、言葉にして伝える

LESSON

13

感情を素直に言葉にする

――相手が話に乗ってくれない！ 気まずさ脱出法②

予想外の答えに困ってしまう。
そんなときは、思い込みがジャマをしているのかもしれません。

男性「ワイン、お好きなんですか？」
女性「いいえ」
男性「……」

このとき、女性はワインを飲んでいるのですから、きっとワインが好きなのだろうと思って質問したあなたは、「いいえ」と言われてびっくりしますよね。その驚いた気持ちをそのまま言葉にすると、どうなるでしょうか。

「ワインをお飲みなので、お好きなのだろうと思っていました」
「ワインがお好きじゃないのに、なぜ今日はワインを飲んでいるんですか?」
「ワインを飲んでいる姿がものすごく様になっているのに、好きじゃないなんてびっくりです」

驚いた気持ちをそのまま出せたら、会話は自然に続いていくでしょう。「ちゃんとしたことを言わなければ」「いいことを言わないといけない」といった思い込みがなければ、感じたことをそのまま言うだけです。

そうはいっても、思っていることをあまり口にしない人にとって、感じたことを言葉にするのはむずかしいかもしれません。思ったことを言わないようにしていると、自分が何を思っているのかわからなくなることもあります。

その場合は、身体を感じてみましょう。感情は、身体に表れるからです。

たとえば緊張すると、手に汗をかいたり、のどがカラカラになったり、心臓がどきどきしたりしますね。もし身体がゆったりと落ち着いていたら、緊張していると思うことはないでしょう。私たちは、身体で気持ちを感じているのです。

そこで、気持ちを言葉にするのがむずかしいときは、身体の感覚を言葉にします。

男性「ワイン、お好きなんですか？」
女性「いいえ」
男性「……」

この「……」となったときの身体の感覚は、どんな感じでしょうか？

びっくりしたら、身体が少し後ろにひけているかもしれません。その場合は、それをそのまま言葉にします。

「なんだか身体が後ろにひけてしまいました」

もしびっくりして身体が固まったなら、「身体がちょっと固まってしまいました」と伝えてもいいでしょう。
そうして身体の感覚を言葉にするうちに、連動する気持ちにも気づけるようになっていきます。

POINT

・予想外の反応に対応できないのは、「ちゃんとしたことを言わないといけない」と思っているから
・心が動いたら、感情を素直に言葉にする
・身体のどこで感情を感じているのかを探して言葉にする

LESSON

14

伝えたい思いを言葉にする

相手が話に乗ってくれない！ 気まずさ脱出法③

何を聞いても「はい」と「いいえ」しか言ってくれない。

「まあ、そうですね」とあいまいな答えしか返ってこない。

こんなときは、会話を弾ませるのに苦労します。でも人間ですから、話したくないときがあるのは自然なことです。もし話さなくても済む状況なら、ひとりにしてあげることもやさしさかもしれません。

ただ、ビジネスなどでそうも言っていられないときは、思いを伝えてみましょう。

「○○さんが実際にお使いになるときに、使い方がわからなくてお困りにならないようお伝えしておきたいのですが」

「〇〇さんが今、抱えていらっしゃる問題に、この先悩まなくてもいいよう、この時点でしっかり解決しておきたくてお伺いするのですが」
「この前お伝えしそびれた方にはご迷惑をおかけしたので、〇〇さんにはちゃんとお話しさせていただきたいのですが」

　このようになぜ話したいのかという思いを伝えたら、聞いてみようと思ってもらえるかもしれません。相手の方も、自分のために伝えようとしてくれることがわかったら、きっと嬉しいですよね。

　また、自分が伝えたいことを相手が求めているかわからない場合は、このような言い方もできるでしょう。

「〇〇の問題は解決できずに悩んでいる方が多いので、一応お伺いしたいのですが」
「〇〇の使い方がわかりにくいという声をいただいたので、念のためお伝えしておきたいのですが」

大切なのは、なぜ話したいのかという意図が伝わることです。意図がわからないまま話を聞いていると「どうして自分が聞かなければいけないのだろう?」という疑問が大きくなり、話を聞くことがむずかしくなるからです。

なぜ話したいのかという意図には、自分のためと相手のための両方があります。たとえばあなたが薬剤師さんだったとしましょう。お客さんに薬の飲み方を説明したいのですが、具合の悪そうなお客さんは、話しかけないでほしい雰囲気です。だからといって説明しなければ、後で問題が起こったときに困るので、きちんと話をしておきたいと思う、その気持ちは、自分のためかもしれません。

では、その気持ちを一歩先に進めてみるとどうですか?

「薬を正しく飲んで、早く元気になっていただきたい」

「飲み方を誤って、つらい思いをしてほしくない」

そこにはきっと、相手のために話したいという気持ちもあるはずです。

なぜ話したいのかを考えたとき、「自分のため」が浮かんできたら、その奥にある「相手のため」も探してみましょう。「相手のため」という気持ちで話をすると、その気持ちが伝わります。それを言葉でも伝えられるとさらにいいですね。

POINT

- 伝えたい思いを言葉にする
- 「自分のため」の先にある、「相手のため」を感じながら話す

CHAPTER 2

安心してもらうための チェックリスト

- □ 声をかける前に必ず目線を合わせる
- □ 笑顔で、明るいトーンの声で話しかける
- □ 身体全体を相手に向ける
- □ 共有している事実を話して「そうですね」を引き出す
- □ 自分の考える答えを先に言ってから質問する
- □ 予想外の答えが返ってきても受け入れる
- □ 感情をそのまま素直に伝える
- □ 「相手のために話したい」という気持ちを伝える

CHAPTER

3

褒めて
心を
開いてもらう

LESSON

15 褒めることに慣れる

心を開くいちばんの鍵は、安心です。第3章では、相手への好意を伝えて安心を届ける方法をお伝えします。

好意は、笑顔や声のトーンといった非言語コミュニケーションに加えて、言葉でも伝えられるといいですね。というのも、**プラスの感情ほど言葉にしなければ伝わりにくい**からです。

こんな実験がありました。向き合うふたりが、鼻から下をノートなどで隠して、目だけで気持ちを伝えます。その結果、「愛する」「楽しい」「怒る」「悲しい」という4つの感情の中で最も伝わったのは、怒りでした。目だけで80%も伝わったそうで

す。一方、圧倒的に伝わらなかったのが「愛している」という感情。伝わったのはたった1％程度だったそうです。※

相手への好意は、「言わなくてもわかるだろう」と思いがちです。自分には、その気持ちが心の中に確かにあるという「実感」があるからでしょうか。

でも残念ながら、相手にその実感はありません。あなたの心の中にある好意を、外から見たり感じたりできないまわりの人には、言動で表さなければわからないのです。

しかも実験結果のように、プラスの気持ちほど伝わりにくいものです。「ありがとう」「好きだよ」「素敵だね」、そんな言葉を普段から伝え合えたらいいですね。

ただ、頭ではわかっていても、「恥ずかしい」「そんな柄じゃない」と照れくさいかもしれません。また初対面で人を褒めるのは、相手に取り入るようで嫌だと思われる方もいるでしょう。

私もそう思っていましたが、ある仕事で一緒になった方がいつもまわりの人を褒めている姿を見て、考えが変わりました。人の良いところにしか目を向けない彼女は、誰のことも悪く言いません。彼女から聞こえてくるのは、人の魅力ばかり。それは一緒にいて、とても心地の良いことでした。

また彼女は、自分のことも大好きでいつもキラキラしていました。脳（無意識）にとっては、人を褒めるのも自分を褒めるのも同じことなので、「あなたは素敵ですね」「あなたは知性にあふれていますね」とまわりを褒めると、自分も素敵で知性にあふれていると受け取るようです。

誰かに向けた言葉は、自分にも向かうのですね。

人の良いところを褒めると、自分を褒めることになる。

そんな褒めコミュニケーションに、トライしてみませんか？

POINT

・好意は言葉にしないと伝わりにくい
・人を褒めると、自分を褒めることになる

※『どんどん儲かる「笑顔」のしくみ』(門川義彦著、ダイヤモンド社)参照

LESSON 16

褒めどころを見つける

――誰でもできる褒めワザ〈基礎編〉①

ここからは、具体的な褒めワザをご紹介します。

まずは、どこを褒めたらいいのか？　褒めどころの探し方です。

褒めどころは、違いに目を向けると見つかりやすいでしょう。

「人と違うところ」と**「いつもと違うところ」**です。

「人と違うところ」は、帽子やスカーフ、アクセサリー、時計など、装身具に表れやすいでしょう。またシャツは、多くのビジネスパーソンが同じように身につけるからこそ、素材や色、ステッチの色やボタンなどディテールにこだわりが表れます。スーツには、薫衣香《くのえこう》という香りをたきしめている方もいます。香水とは違って、全体に漂うやわらかな香りです。ネクタイの色や柄、胸元のチーフ、カフスボタン、タイピンなども観察したいですね。

手入れの度合いにも違いが見られるでしょう。ピシッとしたシャツや、折り目のきれいなパンツ、よく磨かれた靴などは、こだわる方が大切にされる箇所です。

またファッションにこだわりが見られない場合は、その方の雰囲気や行動に目を向けてみましょう。姿勢の良さ、表情のやわらかさ、心づかいが表れるふとしたしぐさなどに気がつくかもしれません。

つづいて、「いつもと違うところ」です。

服やバッグ、アクセサリーなどを新調すると、その人自身の雰囲気もフレッシュになります。さりげない髪形の変化を伝えると、いつもその人のことを気にかけている心が伝わるでしょう。

また、時間をかけてスタイリングしたことがわかる髪形や、特別なトリートメントでつやが出た髪質、美しく彩られたネイルや、いつもより丁寧なメイクなどの変化にも気づけるといいですね。

目に見える変化だけでなく、雰囲気や空気感の変化にも気づきたいところです。雰囲気や空気感といった、なんとなく感じられる変化は、気持ちの変化によるところが多いでしょう。そのため、自分を深く見つめてもらえる喜びや信頼を感じてもらえるかもしれません。

褒め慣れないときは、どこを褒めればいいのかわからないかもしれませんが、そのうちに褒めどころのほうから、「ここを見て！　ここを褒めて！」と話しかけてくるように感じられます。そこだけがキラキラ浮かび上がって、アピールしているように見えるのです。

人を褒めるのがむずかしいと感じたら、ものやお店、場所などの良いところ探しから始めてみましょう。そのうちに、まわりの人の良いところも見えてくると思います。

POINT

・褒めどころは、人と違うところ＝その人がこだわっているところ
・褒めどころは、いつもと違うところ＝変化したところ
・人を褒めるのがむずかしいときは、ものやお店から

LESSON

17

褒めどころに「素敵」をつけて伝える

誰でもできる褒めワザ〈基礎編〉②

褒めどころを見つけたら、次は「素敵」をくっつけます。

「素敵」は、どんなとき、どんな人にも使えるオールマイティな魔法の褒め言葉です。

先ほどの例に「素敵」をつけてみましょう。

まずは《人と違うところ》です。

「素敵なスカーフですね」

「素敵な香りですね」

「きれいに磨かれた靴が素敵ですね」

「姿勢が良くて素敵ですね」

「雰囲気が素敵ですね」

このように「素敵」をつければ、たちまち褒め言葉になります。

《いつもと違うところ》にも「素敵」をつけてみましょう。

「新しいバッグも素敵ですね」
「新しい髪形も素敵ですね」
「今日のメイクも素敵ですね」

《いつもと違うところ》を褒める場合は、「も」を忘れないようにします。「新しいバッグは」「新しい髪形が」というように「は」「が」を使うと、これまでは素敵じゃなかったように聞こえてしまうからです。

気をつけたいのはそこだけですから、褒め初心者の方にもトライしやすいと思います。とってもシンプルな言葉ですが、あなたの好意はちゃんと伝わりますから、ぜひチャレンジしてみてください。

POINT

・「素敵」とつけるだけで、立派な褒め言葉になる
・いつもと違うところを褒めるときは、「も」を使う

LESSON

18

「素敵な」を言いかえて褒める

誰でもできる褒めワザ〈基礎編〉③

魔法の褒め言葉、「素敵」を使って褒めることに慣れてきたら、少し工夫して「素敵」の部分を言いかえます。

「きれいな色のスカーフですね」

「上品な香りですね」

「きれいに磨かれた靴で、見ていて気持ちがいいです」

「姿勢が良くて、たたずまいが美しいですね」

「雰囲気がやわらかいですね」

「新しいバッグもよく似合いますね」

「新しい髪形もまた違った魅力を引き出してくれますね」

「今日のメイクも魅力的ですね」

あなたが素敵だなと感じた部分は、どのように素敵なのか？「どのように」を具体的な言葉に言いかえてみてください。

このとき、ひとつだけ気をつけてほしいことがあります。**誰が聞いても明らかに良い意味にとれる言葉に言いかえる**ことです。

たとえば、こんな言葉です。

きれいな　きめ細やかな　カラフルな　おしゃれな　あでやかな　華やかな
いい　かわいい　美しい　素晴らしい　明るい　バランスがいい

一方、次のような言葉は、プラスとマイナス両方の意味にとることができます。

個性的な　変わっている　めずらしい　ユニークな　マイペース　目立つ

たとえば、「変わった洋服ですね」と言われると、褒められているのか微妙なところです。もちろん表情や声のトーンで、「明らかに良い意味で言っていますよ」と伝えることはできますが、誤解を招きやすいので気をつけましょう。

言葉の受け取り方は本当に人それぞれなので、自分にとっては良い意味の言葉が、相手にとってもそうとは限りません。初対面など、まだ信頼関係を十分に築けていない段階では、明らかにプラスの意味を持つ言葉で褒めるようにするといいでしょう。

POINT

・どのように素敵なのかを言葉にする
・明らかにプラスの意味を持つ言葉で褒める

LESSON

19

理由を添えて褒める

誰でもできる褒めワザ〈基礎編〉④

「どのように」素敵なのかを言葉にできたら、今度は「なぜ」素敵なのか、理由を添えてみましょう。

「素敵なスカーフですね」の後なら、

「すごくよくお似合いです」
「こんなにきれいな色のスカーフ、初めて見ました」
「やわらかな色のスカーフを探していたんですが、私には見つけられませんでした」

「かっこいい髪形ですね」の後なら、

「〇〇さんは、ほんとに、いつもおしゃれですよね」

「私もいつかそんな髪形が似合う人になりたいです！　憧れます」

「自分に似合うスタイルをご存じの大人の女性って感じがします」

「美しいネイルですね」の後には、

「見ているとうっとりします」

「春らしさを引き立ててくれますね」

「指先まで気を配れる女性って、素敵だと思います」


このように理由を添えると、その方の魅力がふくらみますね。また、自分が本当にそう思っていることが伝わりやすくなるでしょう。「お世辞」という言葉もありますから、本心から褒めても「付き合いで言ってくれたのかな」と受け取られることもあるかもしれません。でも、理由を添えればきっとあなたの気持ちは伝わると思います。

POINT

・褒め言葉に理由を添えると、魅力がふくらむ
・理由を添えると、本心だと伝わる

LESSON 20

「質問」しながら褒める

会話上手のひと味違う褒めワザ〈中級編〉①

それでは少しレベルを上げて、中級の褒めワザにトライしていきましょう。まずは、質問しながら同時に褒める「質問褒め」です。

たとえば、「素敵なスカーフですね」の後に「海外で見つけられたんですか？」と質問すると、質問の内容とは別に、あることが相手に伝わります。

〝海外に行かなければ見つけることができないほど素敵なスカーフだ〟

「海外で見つけられたんですか？」と質問したのは、当たり前ですが、海外で見つけたのかなと思ったからですよね。つまり、質問にはこのように「前提」があります。ですから質問をすると、質問と前提の両方が伝わるのです。この前提で魅力を伝えるのが「質問褒め」です。もう少し見ていきましょう。

「おしゃれな靴ですね」の後に「ファッション関係のお仕事をされているんですか？」と質問すると、相手に伝わるのは次のような前提です。

〝ファッションに携わっている人としか思えないほどおしゃれだ〟

質問をするときのこうした「前提」は、普段は意識されないので、ややこしく感じるかもしれません。

その場合は、「○○なほど△△だ」という前提から先に考えるといいでしょう。具体例を用いて一緒に考えてみます。

あなたは、とっても素敵な声の人に出会いました。褒めどころは「声」です。このとき、「○○なほど△△だ」にあてはまる言葉を探します。

〝プロとしか思えないほど素晴らしい声だ〟

「○○なほど△△だ」ができたら、「○○」の部分を質問に変えます。この場合の「○○」は、「プロとしか思えない」ですから、「声のプロですか？」と質問すればいいわけです。実際には、「なにか声のお仕事をされているんですか？」とたずねるのが自然でしょう。

美しいネイルの方に出会ったときはどうでしょう。たとえば、忙しさを理由に指先のお手入れをさぼりがちの人なら、こんなふうに感じると思います。

〝うまくタイムマネジメントしているとしか思えないほど仕事ができて、指先まで美しい〟

この場合には、次のような質問ができます。

「ばりばりお仕事をされているのに、こうして指先の美しさにもこだわっていらっしゃるなんて、いったいどうやってタイムマネジメントされているんですか？」

質問褒めは、褒めて相手の魅力を輝かせながら、質問で会話をつないでいけるちょっとした技なのです。

POINT

・質問褒めで、褒めると同時に相手の話も引き出す
・○○なほど△△だ＝○○ですか？

質問褒めの極意!

○○なほど△△だ

LESSON 21

自分の感情の変化を伝えて褒める

会話上手のひと味違う褒めワザ〈中級編〉②

つづいての褒めワザは、自分の感情の変化で相手を褒める「感情褒め」です。相手の魅力に触れて動いた気持ちを、言葉にして伝えます。

たとえば、笑顔が素敵な人に出会ったら、あなたの心は、どう動くでしょうか?

・なんとなく元気になった
・なんとなく明るい気分になった
・なんとなく楽しくなってきた

この「なんとなく変化した気持ち」を言葉にします。

「笑顔が素敵ですね。なんだか元気になってきました」
「笑顔が素敵ですね。なんだか明るい気分になってきました」
「笑顔が素敵ですね。なんだか楽しくなってきました」

いいことを言う必要はありません。元気が出た。嬉しくなった。気分が明るくなった。そんなシンプルな言葉でいいのです。相手の魅力に出会えて、あなたの心はどう動いたのか？　気持ちの変化を伝えると、相手はあなたにギフトを届けられたことをきっと喜んでくれるでしょう。誰かの役に立てたり、力になれるのは嬉しいものです。

相手の魅力というプレゼントを受け取ったら、自分に生まれた変化を言葉でお返しする。そんな嬉しい循環が、たくさん起こるといいですね。

POINT

・相手の魅力に触れて動いた自分の心を伝える
・誰かの役に立てたり、力になれるのは嬉しい

LESSON

22

ビフォーアフターを伝えて褒める

会話上手のひと味違う褒めワザ〈中級編〉③

つづいて、相手の魅力に出会えた感謝の気持ちが、もっと伝わる表現をご紹介しましょう。「なんとなく楽しくなった」といったアフターの気持ちだけでなく、ビフォーの気持ちも伝えます。

次のふたつの褒め言葉を比べてみてください。

A「今日のお話を聞いて、やっぱりがんばってみようと思いました」

B「実はもう死にたいと思っていたんです。でも今日のお話を聞いて、やっぱりがんばってみようと思いました」

Aは、話を聞いた後に感じたアフターの気持ちだけを伝えているので、その前はどういう状態だったのかがわかりません。Bは、ビフォーとアフターの両方を伝えているので、変化の大きさが伝わります。

もし自殺を考えるほど苦しかった人が、自分の話を聞いて元気になってくれたことがわかったら、自分の命が活かされた感謝で胸がいっぱいになりそうですね。

誰かの変化は、まわりの人に勇気を与えてくれます。

片づけやリフォームをとおして、環境も自分も大きく変化したことを伝える番組が人気なのは、「自分にも変われるんだ」という勇気をもらえるからではないでしょうか。

日常会話でも、自分の変化を伝えることは誰かの勇気につながります。

「笑顔が素敵ですね。今日は雨が降っているからか、なんとなく朝から頭が痛かったんですが、△△さんの笑顔に触れて、なんだか元気になってきました」

「笑顔が素敵ですね。今日は朝から妻とケンカをして、実はちょっとブルーだったのですが、△△さんの笑顔のおかげで、なんとなく明るい気分になってきました」

「笑顔が素敵ですね。実はさっき仕事でミスをして落ち込んでいたのですが、△△さんの笑顔を見ていたら、なんだか心が軽くなってきました」

このようにビフォーもセットで伝えて、喜びを分かち合えたらいいですね。

ビフォー
死にたいと思っていたんです…
アフター!
でもがんばってみようと思いました!!
喜びUP!

POINT

・ビフォーとアフターを両方伝えると、もっと感謝が伝わる
・アフターだけでなくビフォーにも触れて、変化の大きさを伝える

LESSON

23

2倍返しで褒める

これができれば褒めマスター〈上級編〉①

いよいよ、褒めワザ上級編です。まずは、褒めてもらったとき倍にして返す褒め方を2つご紹介します。

褒められたら嬉しいけれどなんとなく照れくさくて、「いやいや、そんなことはありません」と否定したらシーンとなってしまったという経験はありませんか？ 褒めてもらったときは、褒め返すチャンス。ふたつの法則を使って〝倍返し〟で相手を褒めちゃいましょう！

①「むしろ」で2倍返し褒めの法則

褒められた内容に「むしろ」をつけて褒め返すのが、「むしろ」の法則です。褒めてもらったら、「むしろ私のほうがそう思っていた」と伝えます。

「素敵なネクタイ！　おしゃれですね」

「え！　私はむしろ○○さんのネクタイがおしゃれだと思っていました！」

「笑顔が最高ですね」

「えー！　むしろ○○さんの笑顔がなんて素敵なんだろうって思ってたんですよ」

このように「むしろ」と褒め返すと、同じ魅力を共有できて、つながりも感じられます。

②「あなたに褒められたくて」で2倍返し褒めの法則

つづいて、「あなたに褒められたくての法則」（↑俳優、高倉健さんのエッセイのタイトル）です。他の誰かではなく、「あなたに」褒められたことが嬉しいと伝えます。

「素敵なネクタイ！　おしゃれですね」

「え！　おしゃれな○○さんにおしゃれだなんて言ってもらえて光栄です」

「笑顔が最高ですね」

「えー！　素敵な笑顔の○○さんに褒めてもらえるなんて、自信がつきます」

このように、「おしゃれだ」と褒められたら「おしゃれな○○さん」、「笑顔が最高」と褒められたら「素敵な笑顔の○○さん」のように、褒めてもらった内容は相手の魅力であると伝えます。そんな魅力を持つあなたに褒められたから嬉しいと伝える表現です。

たとえば、尊敬する先輩や憧れの人に「仕事ができるね」「かっこいいね」などと言ってもらえたら、他の人に褒められる以上に嬉しいですよね。

「他の誰かじゃない。あなたに褒められたから嬉しい」と伝えて、褒めを広げましょう。

このふたつの「褒め返し」があれば、先に褒められてもあたふたすることはありません。褒め返しのチャンスを楽しんでみてください。

POINT

・先に褒められたら倍返しにするチャンス！
・「むしろ」の法則＝褒められたことに「むしろ」をつけてお返しする
・あなたに褒められたくての法則＝褒めてくれたのがあなただから嬉しいと伝える

LESSON 24

ピンポン褒め

これができれば褒めマスター〈上級編〉②

つづいて、ピンポンのように間接的に褒めるワザのご紹介です。

相手を直接褒めるのではありません。相手のまわりにあるものを褒めたり、あなた自身が褒められる存在になることで結果として相手を褒めることになる、褒めの間接ワザです。


具体例で紹介しましょう。

Sさんは、仕事関係のMさんに夕飯をごちそうになりました。美味しくてサービスも素晴らしいお店だったので、Sさんは帰り際、お店の方にこう伝えました。

「さりげない気遣いをありがとうございました」

すると、お店の方だけではなく、ごちそうしてくれたMさんも喜んでくれました。Sさんがお店を褒めることは、間接的にMさんも褒めていたからです。

①いいお店を知っているセンスの良さ
②まわりにいい人がいる人間関係

Mさんは「さりげない気遣いをありがとうございました」という言葉を聞いて、自分の行きつけのお店を褒めてもらえたように感じました。さらに、お店の方が喜ぶ様子から、「素敵な方とお知り合いですね」と、交友関係も褒めてもらえたように感じたというわけです。

このように、相手を直接褒めるのではなく、相手のまわりにあるものを褒めたり、ときには自分自身が褒められる存在になることで、結果として相手を褒めることもできるのか、ピンポン褒め。ぜひトライしてみてください。

さりげない気遣いをありがとうございました
いいお店だったということかな…
いえいえ
Mさんが連れてくる方は素敵な方ばかりだ

POINT

・相手のまわりにあるものを褒めて、間接的に相手を褒める
・自分が褒められると、相手の評価も上がる

LESSON

25 陰で褒める

これができれば褒めマスター〈上級編〉③

褒め言葉は、時として照れや謙遜から、受け取ってもらえないことがあります。

そんなときは、面と向かってではなく、他の人を経由して褒めてみましょう。

「○○さんが、この前疲れているのに仕事を手伝ってくれてさ。そういうのって、ほんと嬉しいよね、○○さんって」

このように、他の人に褒め言葉を伝えると、いつか本人の耳にも届くでしょう。

これが「陰褒《かげぼ》め」です。


陰口は傷つきますが、陰褒めは嬉しいものです。どちらかというと陰では悪口を言うほうが多いからか、「陰口」という言葉はあっても「陰で他人のいいことを言う」という意味の日本語はまだ存在しないようですが、これを機に広まるといいなと思います。

陰褒めの効果はなんといっても、受け取るしか選択肢がないことです。褒めた人が目の前にいないのですから、否定したくてもできません。

陰褒めはいつ本人に伝わるのかわからないので、伝わった喜びは不意に訪れます。楽しんでやってみてください。

POINT

・受け取り下手の人には、陰褒めする
・陰で褒められることはめずらしいからこそ、喜びも大きい
・「一日一善」ならぬ、「一日一陰褒め」にトライ

LESSON 26

自分の意志で変えられないことは褒めない

褒めるときの要注意ポイント

相手を褒めるときに、ちょっと気をつけたいことがあります。

自分には「いいな」と思える魅力も、相手にとっては触れられたくないことである場合があるからです。

「顔が小さくていいなあ」

そう褒めたつもりが裏目に出て怒らせてしまったのは、アメリカの友人です。彼は不機嫌そうに言いました。「まるで僕の脳みそが少ないみたいな言い方をするね。失礼だな」

もちろんそんなつもりはなかったのですが、小さな顔への憧れがないアメリカの人には、侮辱されたと感じる発言になってしまいました。

ある歌手の女の子に「痩せてていいなあ」と伝えたときは、一瞬顔に影が差しました。乾いた笑顔で、「そうかな」と言うのです。

なんとかしなくちゃと焦った私は、「どうがんばっても私は痩せないから、うらやましい」などと言葉を重ねましたが、「もういいから、放っておいて」という彼女の心の声が聞こえるようでした。太りたくても太れない女性だったのです。

また、ある有名女優さんにインタビューしたとき、「5つの注意事項」という紙を渡されたことがあります。

当時その女優さんは、恋愛関係のスキャンダルで注目されている最中でした。「お相手の男性について質問しないように」と釘をさされるのは想像の範囲内でしたが、ショックだったのは最後に書かれていた項目です。

「割りばしみたいですねなど、身体に関することを言わないでください」

髪形や洋服など、その人が自由に変えられることはいいんです。でも身長や体型など変えたくても簡単に変えられないことは、どんなに「いいな」と思っても、伝える前にちょっと立ち止まって確認してみてください。

〝それは、相手が自由に変えられることですか？〟

POINT

・褒める前に、それが先天的なものか、相手が自由に変えられるものかを確認する

CHAPTER 3

褒め言葉を受け取ってもらうためのチェックリスト

□ 恥ずかしがらずに褒める

□ 「人と違うところ」「いつもと違うところ」を見つけて褒める

□ 万能ワード「素敵な」をつけて褒める

□ 明らかにプラスの意味を持つ言葉を使って褒める

□ 相手に受け取ってもらえる褒め方をマスターする

理由を添えて褒める／質問で褒める／ビフォーアフターで褒める／相手のまわりのものを褒める／陰で褒める／「私の気持ちを受け取ってほしい」と伝えて褒める

□ 先に褒められたら2倍返しにする

「むしろ」をつけてお返しする／「褒めてくれたのがあなただから嬉しい」で褒め返す

□ 身長や体型など、本人が自由に変えられないものは褒める前に確認する

CHAPTER

4

相手が話したいことを引き出す

LESSON

27

質問は相手への興味から始まる

まずはここからの質問ワザ〈基礎編〉①

質問力をアップするための鍵は、とってもシンプル。**相手への興味**です。

たとえば恋愛で好きになった人のことは、なんでも知りたくなりませんか？
私のことをどう思っているんだろう？　兄弟はいるのかな？　出身はどこ？　どんな色が好き？　どんな食べ物が好きかな？

好きな人への質問は、次々と浮かんできます。

そんな質問は、基本的には相手へのプレゼントです。もちろん、相手に嫌な思いをさせてしまうことがないとは言い切れません。聞かれたくない領域に踏み込んでしまったり、言葉が足りなくて誤解を与えてしまうこともあるでしょう。

でも質問のベースにある、「あなたという人をもっと知りたい」「あなたと仲良くなりたい」という気持ちは嬉しいものです。

ただ、同じ知りたい気持ちでも「あなたの持つ情報を知りたい」となると、相手が受け取る印象は違ったものになるでしょう。質問の目的が、自分のメリットにあるからです。それは質問の形をしたお願いですから、信頼関係を築いてからのほうがいいかもしれません。

また質問は、相手に話すきっかけを渡せるプレゼントにもなります。自分から自分の話をするのは、憚られることもありますね。特に控えめな人は、「自分の話なんてつまらないかもしれない」と遠慮してしまいがちです。

でも質問されたら、話す理由ができます。「自分が話してもいい」という許可を自分に出しやすいのです。

質問はプレゼントです。「相手を知りたい」という純粋な興味や、「話すきっかけをつくってあげたい」という気持ちで、質問してみてください。きっと質問することが、楽しくなると思います。

POINT

・相手に興味があるから、質問が浮かぶ
・質問は、あなたをもっと知りたいという気持ちのプレゼント
・質問は、話すきっかけをつくれるプレゼント

LESSON

28

質問するのが不安なときは、前置きする

――まずはここからの質問ワザ〈基礎編〉②

相手のことを知りたい気持ちはあるのに質問が浮かばないときは、不安がジャマをしているのかもしれません。

確かに、質問をされると怒る人もいます。「どうしてそんなこともわからないんだ」「前に言っただろ」そんなふうに非難されると、質問するのが怖くなりますね。

そういうときは、予想される相手の反論を先取りして伝えましょう。

「本来なら、理解しているべきことだと思うのですが」

「以前、教えていただいたかもしれないのですが、もう一度教えてください」

「質問をしたら、こう言われるかもしれない」という不安がよぎったら、それを

自分から伝えます。すると相手は、あなたがすでにわかっていることですから、言う必要がなくなります。

また、「こんなことを聞いてもいいのかな?」と不安になることもあるでしょう。確かに年齢や政治・宗教などタブーとされる項目はいくつかありますが、その場合も「こんなことをおたずねするのは、失礼かもしれないのですが」と前置きしてみてください。

質問をすると、「そんなことも知らないの?」と驚かれることもありますが、相手の方に悪気はないのかもしれません。知らないあなたに驚く以上に、それを常識だと思い込んでいた自分自身に驚いていることだってあるでしょう。

「そんなこと」というのは、あくまでその人にとっての常識です。みんな興味関心は違いますから、知っていることのジャンルが違うだけ。逆に、その人は知らなくてあなたが知っていることもあるはずです。

世界中のすべてを知り尽くしている人はいません。ですから、**「そんなことも知らないの?」と驚かれたときは、「そうなんです。だから教えてください!」と笑顔で言えば、いろいろなことを教えてもらえると思います。**多くの人は、教えたがりですからね。あ、私もです。

POINT

・質問する前に不安になったら、前置きする
・知らないことは、笑顔で教えてもらう

LESSON

29

質問する前に、意図を伝える

まずはここからの質問ワザ〈基礎編〉③

質問するときは、意図を伝えると安心してもらえるでしょう。

たとえば「今度の日曜日、空いてますか？」と聞かれて、答えに迷ったことはありませんか。もし空いていると答えて、行きたくないイベントに誘われたら断りづらいですよね。そこで、空いているかどうかを答える前に、「どうして？　何があるの？」とたずねたりします。

質問の意図とは、その「どうして？」の部分です。

たとえば、前振りがなく「もしかして長女ですか？」と聞かれたら、「どうしてそんなことを聞くんだろう」と感じませんか？　隠しておく必要はないので答えてもいいと思えば、「うん、そうだけどどうして？」と答えの後に意図をたずねるでしょう。このようなやりとりは、日常会話でよく耳にします。

必ず意図を言わなければいけないわけではありませんが、相手に安心して答えてほしいときは、「服を買うのに付き合ってほしいのですが、今度の日曜日、空いてますか？」「すごく頼りたくなる雰囲気をお持ちだなって感じてるんですが、もしかして長女ですか？」など、質問の意図を先に伝えるといいですよ。


違う例で考えてみます。

「○○さんでも緊張することはあるんですか？」とたずねる場合の意図は、たとえばこんなことでしょうか。

「○○さんのプレゼンテーションは、とても堂々としていて説得力を感じるのですが、○○さんでも緊張することはあるんですか？」


これなら、説得力があるプレゼンをする人でも緊張するのかどうかを知りたい、という意図が伝わりますね。この質問は、「ある」か「ない」で答えられる質問ですが、その後に緊張への対処法を話してくださる方もいるでしょう。

質問する前に「なぜその質問をするのか？」という意図を先に言うと、相手はどんな目的でたずねられているのかがわかって安心しますし、求められていることが明確なので答えやすくなります。「聞きたいのはそういうことじゃないんだよなあ」というやりとりが減って、コミュニケーションはよりスムーズになるでしょう。

POINT

・質問する前に、意図を伝えて安心してもらう
・意図を伝えると、コミュニケーションがスムーズになる

LESSON

30

質問されたら短く答えて、相手に質問を返す

誰でもできる質問ワザ〈初級編〉①

今度は質問の答え方です。

質問されたときに、どこまで答えようかと悩むことはありませんか？　そんなときは、相手の意図を感じてみましょう。

たとえば「週末は何をしていたんですか？」とたずねられたとします。相手は、なぜその質問をするのでしょうか？

質問は、自分が話したいことを話題にするためのきっかけづくりに使われることもあります。たとえばこの質問から、自分の週末について語りたいのかなという意図を感じたら、「家でのんびりと過ごしました。〇〇さんは？」と自分のことは短く伝えて、相手に質問を返すといいでしょう。

質問の意図を汲み取るために必要なのは、観察です。こういったきっかけづくりの質問の場合は、「話したいことがある」という相手の勢いを感じます。表情がイキイキしているなど、熱量が感じられることが多いでしょう。そういうときに自分が長く答えると、相手が上の空になるのを感じるかもしれません。相手の頭の中には話したいことがいっぱいで、あなたの答えを受け取るスペースが十分にないからです。それに気づいたら、自分の話を切り上げて、相手に話を振ってみます。

自分が話したいけれど、まず相手に質問をして、その後に自分が話す。食事の席は、これによく似ていると思いませんか？　美味しそうなお料理が出てきたら、「いかがですか」と勧めて先に取ってもらったり、みんなの分を取り分けたりしますね。中国では、それがマナーだと教わりました。レストランで自分のお皿に料理を取るのは、相手に勧めてから。食事だけではなくタバコやお酒も、自分が飲みたいときはまずまわりに勧めるのが礼儀とされているそうです。

質問をされると嬉しくなって、自分の話をたくさんしたくなることもありますが、それは「お先にどうぞ」と勧めてもらったお料理を一人で丸ごと平らげてしまうこと

に似ています。質問という会話のお料理も、みんなで一緒に楽しめるといいですね。

また、「それよりも私はこのお料理が食べたかったのよ」と別のお皿を引き寄せて食べ始めることもありますから、気をつけたいところです。「週末は何をしていたんですか?」と聞かれて、「週末の話よりも、この前の夏休みのことなんだけどね」と話題を変えて自分の話をする。会議などで話を本筋に戻すために必要な場合もありますが、自分の興味のある話ばかりにならないように気を配ってみましょう。

POINT

・話すきっかけをつくりたい質問もある
・質問されたら短く答えて相手に話してもらう
・質問という会話のお料理を、みんなで美味しく味わう

LESSON

31

最近の出来事から聞く

誰でもできる質問ワザ〈初級編〉②

お互いのことをよく知らないときは、質問をしながら共通の話題を探しますね。そのとき、**質問のボールをどこに投げたら相手が打ちやすいのか？**　スイートスポットを探すような感覚で、相手をよく観察しましょう。

打ちやすいボールを投げると、声が大きくなったり高くなったり、早口になるといった変化が見られるでしょう。また身体を前に乗り出したり、動きが大きくなったり、目には力が出てきます。そんな全身の反応を感じるようにするのです。

投げる質問ボールは、聞きたいことなら何でもいいのですが、**場を盛り下げるボールにご注意ください。**「知らない」「わからない」「話したくない」など、相手の返答が「～ない」と否定的に終わるボールが続かないようにするということです。

たとえば、何度も聞かれる質問は、話したくないことのひとつかもしれません。

あるパーティーからの帰り道、ロシア語の通訳をしている友人がうんざりした顔でこう言いました。

「どうしてロシア語を話せるんですか？　初対面のときには必ずと言っていいほど、そう聞かれるんだ。いったい何度この話を繰り返してきたことか」

なるほど、流暢に外国語を話す人に会うと、「海外に住んでいたんですか？」「どこで勉強されたんですか？」とたずねたくなりますよね。でも自分が質問したいと思うということは、他の人たちもそう思う可能性が高いということ。いつも同じ質問をされていたら、飽きてしまうのはわかります。

ところが、その通訳の彼が、嫌なはずの説明を嬉しそうにしていることがありました。聞かれていないことも自分から進んで話しています。それは彼が、「自分のことを知ってほしい」と感じているときでした。何度も繰り返された質問も、「この人には自分のことをわかってほしい」と思うときなら話したくなるのですね。

このことから学んだのは、みんなに聞かれるであろう質問は後からするということです。**相手が話したくなるタイミングを待つのです。**

インタビューでも、似た経験をしてきました。

たとえばミュージシャンへのインタビューは、新しい作品がリリースされるタイミングに合わせておこなわれるので、どのメディアでも似たり寄ったりの質問になりがちです。

「アルバムのタイトルの意味は？」

「レコーディングで苦労したエピソードはありますか？」

こういった質問をすると、「またその話か」と、少し疲れた表情を見せる方もいらっしゃいます。

それでは、誰もが聞きたい質問を後回しにして、何からたずねればいいのでしょうか？

ヒットが生まれる確率が高いのは、最近の出来事です。最近起こったことは、記憶も感動もフレッシュでイキイキしています。鮮度の高い体験は話したいと感じますから、最近の出来事について質問をすると、会話が盛り上がりやすいのです。

自分が聞きたい順番よりも相手が話したい順番で、まずは会話を盛り上げる。自分が聞きたいことは、それからでもいいかもしれません。

POINT

- 繰り返し聞かれている質問は、後から
- 昔のことよりも最近のことのほうが話しやすい
- 質問の順番は、相手が話したい順番にすると会話が盛り上がる

LESSON

32 相手の答えを繰り返しながら聞く

──誰でもできる質問ワザ〈初級編〉③

質問ボールを投げながら相手の興味を探すときには、間を意識してみましょう。

もしバッティングセンターの機械が壊れて、次から次へとボールが飛んできたらパニックになりますね。質問ボールも、間を詰めて投げると尋問になってしまいます。

たとえば、こんな具合です。

「どんなお仕事をされているんですか？」
「営業です」
「どんなものを営業されているんですか？」
「輸入食材です」

「どんなものを輸入しているんですか?」

「パスタや調味料、チョコレートなども輸入しています」

「どこの国からですか?」


このように質問→答え→質問→答えと続くと、なんだか取調室のようですね。これでは、自分の答えがどう思われているのか、わからないままに話し続けることになるので、不安になるでしょう。

質問に答えてもらったら、まずはその答えを受け取ったことを言葉で伝えてみませんか。


「どんなお仕事をされているんですか?」

「営業です」

「営業ですか。どういったものを営業されているんですか?」

「輸入食材です」

「輸入食材の営業をされているんですね。たとえばどんなものですか?」

「パスタや調味料、チョコレートなども輸入しています」

「パスタにチョコレート……となると、輸入はヨーロッパからですか？」


傍線のセリフのように、受け取った答えを声にします。

このとき、声にしながらその言葉を感じてみましょう。相手の言葉を、自分の内側にゆっくり取り込んでいくような感じです。その言葉からイメージが広がって、次の質問や感想などが浮かびやすくなります。


余裕が出てきたら、自分の感じたことも付け加えましょう。


「どんなお仕事をされているんですか？」

「営業です」

「営業のお仕事をされているんですか。だからなのかな。さっきからすごく話しやすい方だなって思っていたんです。営業のお仕事では、どんなものを扱っているんですか？」

「輸入食材です」

「輸入食材……、それはたとえばどんなものでしょう？」

「パスタや調味料、チョコレートなども輸入しています」

「パスタにチョコレートですか。好きなものばかりです。輸入はヨーロッパからですか？」


傍線のように、相手の答えを自分の中に取り入れてみて感じたことを伝えます。あなたがどのように受け取ったのかが伝わって、リラックスしてもらえるでしょう。


このとき、言いかえにご注意ください。

たとえば「営業です」と言われたとき、「セールスですか」など自分に馴染みのある表現に言いかえたくなるかもしれませんが、人によって言葉のイメージは異なります。「いや、セールスじゃなくて営業なんだけどなあ」と思われるかもしれません。


そのことを学んだのは、サザンオールスターズの桑田佳祐さんへのインタビューでした。桑田さんは、自分のことをアーティストではなく歌手だとおっしゃいました。ふたつの言葉は同じように使われることもありますが、桑田さんにとっては違う意味なのです。

また蒼井優さんは、自分は女優というよりも俳優だと思うと言われました。女優という言葉にはきらびやかなイメージがありますが、芝居が好きな蒼井さんは、女優という響きが自分からはかけ離れていると感じるそうです。

ラジオでしゃべる人のことは一般的にＤＪといいますが、同じ東京にあるＦＭラジオ局でもＴＯＫＹＯ　ＦＭではパーソナリティ、Ｊ‐ＷＡＶＥではナビゲーターと局によって呼び方が異なります。いろいろなラジオ局で話していた頃、番組ごとに呼び方が変わるので混乱して間違えることがありました。そんなとき厳しく指導されたのは、ラジオ局がその呼び方を大切にしているからです。

日常会話も同じです。「身体が重いんです」と言った人に「身体がつらいんですね」と言ったら、「違います。重いんです」と言われたことがあります。その人にとって「重い」と「つらい」は違うことだったのです。

第三者にしてみれば、どちらでもいいと思えることでも、本人にとってはその言葉でなければならないことがあります。

相手の使った言葉を、尊重したいですね。

POINT

・矢継ぎ早に質問すると、尋問されているように感じる
・相手の答えを声に出して受け取る
・余裕が出てきたら、自分の感じたことも付け加える
・相手の口にした言葉を尊重して、同じ言葉を使う

LESSON

33

素朴な疑問をお馬鹿になって聞く

相手に「おっ」と思わせる質問ワザ〈中級編〉①

質問が思い浮かばない不安には、「こんなことを聞いたら、馬鹿だと思われるんじゃないか」という怖れもあります。

私はラジオや講演でずいぶんと「お馬鹿っぷり」をさらして、恥ずかしい思いをしてきました。「出汁《だし》」を「でじる」と読んだり、「未曾有《みぞう》」は「みぞうう」と思い込んでいたため、構成作家さんに「なんか、う、がひとつ多くない？」と言われて顔を赤くしたこともあります。

金太郎飴の職人さんに「この金太郎は女の子ですか？」とたずねてポカンとされたこともありました。金太郎の唇が真っ赤でかわいかったので、女の子だと思い込んだのです。そんな恥ずかしい体験も、今ではみんなが笑ってくれたいい思い出です。

これは関西人だからかもしれないのですが、笑ってもらえるのってちょっと「美味しいやん！」と私は思います。**話の内容で人を笑わせるのは至難の業ですが、自分のちょっとした失敗なら簡単に笑ってもらえるのです。**自分も一緒になって笑い飛ばせたら、みんながひとつになれます。

また**素朴な質問は、本質を突くことがあります。**

ある音楽評論家の方が1970年代のディスコブームについて熱く語ってくださったとき、ふとした疑問が湧きました。

「ディスコって、ダンスミュージックと何が違うんですか？　ブームといっても、いつだって踊るための音楽は、なにかしらヒットしていませんか？」

このとき、今さらそんなこと聞いてもいいのかなと一瞬迷いましたが、返ってきた答えは予想をはるかに超える興味深いものでした。

「そうなんだよ！　踊るための音楽はいつだってある。ただ70年代はちょっと特別な状況だったんだ。それまでアメリカの若者たちにとって遊ぶといえばドライブだった。ところが石油価格が高騰したこの頃は、そうやすやすと車に乗れない。それでも遊びたい若者たちがどうしたかっていうと、小さな箱の中でエネルギーを発散した。だからディスコが爆発的に流行ったんだよ」

誰もが知っていそうなことや、「今さらそこ?」と思われそうな質問はしづらいものです。でも、そんな質問にこそ本質的な問いが隠れていることがあるのです。

画家の千住博さんが言われた、美しい言葉は心に深く刻まれています。

「世の中に、くだらない質問なんてひとつもありません。あるのは、くだらない答えだけです」

講演された後、質問の手が挙がらなかったときに言われた言葉です。

わからないことに出会うと湧いてくる「知りたい」という欲求は、人生を豊かにしてくれる種だと思います。何を疑問に思い、何を知りたいと思うかは個性そのものなのです。

もし笑われたら、みんなで笑えたことを喜んで一緒に笑ってみませんか。きっとその中には、「実は私も知らなかった」「聞いてくれてありがとう」と思っている人がいるはずです。知らない人の代表として質問するんだと思うと、ちょっと勇気も湧いてきます。

知らないことは、恥ずかしいことではありません。知らないということは、新しいことを知ることができる可能性そのものです。わかったふりをしないで、その可能性に飛び込んでみましょう。きっと新しい世界が待っています。

POINT

・笑ってもらえるのって、ちょっと美味しい
・素朴な質問が本質を突くこともある
・知らない＝新しい知の可能性

LESSON

34

相手のこだわりに言及する

――相手に「おっ」と思わせる質問ワザ〈中級編〉②

「そんなこと、初めて聞かれた！」

これまで聞かれたことのない質問に答えるのって、ワクワクしませんか？

版画家の名嘉睦稔《なかぼくねん》さんにインタビューしたときのことです。ちょうど原宿で個展をされていたので、お会いする前に作品を見に行きました。

展示されていたのは自然を描いた版画なのですが、光や空気を表現されたのでしょうか。幾何学模様が散りばめられた作品が何点かありました。自然と人工的な直線が一緒になっていて面白い、と感じたことから理由をたずねてみると、名嘉さんは大きく笑ってこうおっしゃいました。

「そんな質問は初めてだな。いやぁー、よく気づいてくれましたね！」そして作品に込めた思いを熱く語ってくださったのです。

「そこに気づいてくれてありがとう」「そこをわかってくれてありがとう」初めての質問には、そんな喜びがついてくることがあります。誰にも語られたことのないストーリーが、そこから生まれるかもしれません。話したことのない話ができる喜び、聞いたことのない話を聞ける喜び。これまで表に出ていない新たな魅力が語られたら、みんなが嬉しくなるでしょう。

「百年の孤独」という焼酎をご存じですか？　入手困難とされる名焼酎のひとつです。あるとき知人がそのボトルラベルに、それはそれは小さくプリントされた英文があることに気がつきました。

"When you hear music, after it's over, it's gone in the air. You can never capture it again."

（今、耳にした音楽は空気の中へ消えてしまい、もうその音をつかまえることはできない）

ジャズ・ミュージシャンのエリック・ドルフィーの言葉です。エリックの音楽が大好きだった彼女は嬉しくなって、百年の孤独をつくっている宮崎県の酒蔵に電話をかけました。受付の女性から「少々お待ちください」と言われた後、少しして電話口に出られたのは社長さんだったそうです。

ジャズの話で大いに盛り上がったという彼女の家には、その後なぜか入手困難なはずの百年の孤独が置かれていました。彼女は下戸のはずなのですが……。

わかってくれたらいいな。伝わったら嬉しいな。そんな祈りを込めたメッセージを受け取ってくれる人がいることは、ありがたくて嬉しいものです。そこには、出会ってからの時間の長さを超えた、貴いつながりが生まれるでしょう。

こういった相手のこだわりを受け取る感性を育んでくれるのは、日常の過ごし方です。

本当は変わり続けている日常を「代わり映えしない」と思ってしまうと、変化を見逃してしまうでしょう。毎日同じに見える通勤路や通学路も、同じ日は一日もありません。季節を伝えてくれる街路樹、すれ違う人たちの装い、少し目線を上げれば広がる空は、刻々と変わっていきます。

まわりの人も同じです。職場の人や家族に対して「この人は、こういう人」と貼り付けたラベルがもしなかったら……。きっと知らなかったその人が見えてきます。

目には入っているけれど、見えていないこと。

耳には届いているけれど、聞こえていない音。

少しだけ五感を研ぎ澄まして感じてみませんか。その瞬間にもう、感性は開かれています。

POINT

・新しい質問は、会話を盛り上げる
・五感を研ぎ澄まして感性を開く

LESSON

35

話し下手な人には、考えなくてもいい質問をする

――むずかしい相手も怖くない質問ワザ〈上級編〉①

ラジオ番組には、お題がつきものです。

たとえば「今日のテーマは成人式。あなたの成人式の思い出、教えてください」といったように、毎日テーマを変えて番組がつくられます。

聞いてくださる方のメッセージが予想以上に多くて驚いたのは、「好きだった給食のメニューは何?」でした。「ひな祭りに出る菱形のゼリーが好きだった」「ミルメークというコーヒー牛乳の素が甘くて美味しかった」など、懐かしいメニューが次々出てきて盛り上がったのを覚えています。

一方、あまりメッセージが届かなかったのは、「好きなことわざは何ですか?」「好きな異性の髪形ってどんなスタイル?」といったお題です。

このような体験から気づいたのは、考えるのに時間がかからないお題はメッセージを送りやすいということでした。好きな給食はすぐに思い出せますが、好きなことわざと言われるとちょっと時間がかかります。髪形はすぐに浮かんだとしても、どう言えばいいのかを考えるのに時間がかかるでしょう。

話も同じです。**あまり考えなくても話せることは、誰にとっても話しやすいテーマになります。**

たとえば「体験」についての質問は、答えやすいでしょう。

「学生時代は、どんな部活動をやっていましたか」

「最近どんな映画をご覧になりましたか」

「食べ物は何がお好きですか」

このとき、質問はオープン・クエスチョンにすると話が広がります。オープン・クエスチョンとは、「はい」「いいえ」では答えられない質問のことです。部活動を聞かれたら、吹奏楽なのかサッカーなのか？　観た映画のタイトルや好きな食べ物の名前など、オープン・クエスチョンは具体的な答えを引き出すので、話が広がりやすくなります。

ただし属性についての質問には気をつけましょう。「どちらにお住まいですか」「どちらの会社にお勤めですか」といった質問は考えるのに時間はかからないのですが、プライベートな領域に踏み込むことになります。ある程度の関係性ができてからのほうがいいでしょう。

POINT

・話し下手な人には、体験について質問する
・オープン・クエスチョンで話を広げる
・プライベートな質問は、ある程度の関係ができてから

LESSON

36

数字で答えられる質問をする

むずかしい相手も怖くない質問ワザ〈上級編〉②

また数字で答えられる質問は、年齢を問わず答えやすいでしょう。

たとえば、小さなお子さんに「学校はどう？」とたずねて、あいまいな返事が返ってきたことはありませんか？「うん」「まあまあ」「ふつう」といった答えになることが多いのは、どう答えたらいいのかわからないからかもしれません。

そこで「学校は楽しい？」とたずねて「うん」という返事が返ってきたら、こうたずねてみてください。

「その楽しいって0から10で言うと、どれくらい？」

その答えから、子どもが感じている「楽しい」の度合いがわかるでしょう。もし「7」という数字が返ってきたら、「その7の楽しいときって、授業中？ それとも休み時間？」とか、「楽しくない3ってどんなとき？」など、さらに具体的に話を聞いていくことができます。

「お友達はできた？」という質問なら、「お家に帰ってからも一緒に遊びたいなって思うお友達は、何人くらい？」とたずねると、本当に仲の良い友達の人数がわかりますね。

大人に対しても、同じです。

仕事の進捗状況を知りたいときに、「資料の準備、進んでる？」とたずねて「はい」という答えが返ってきても、どれくらい進んでいるのかがわかりません。「完成を10だとすると、今どれくらいまで進んだ？」など数字にすると相手も答えやすいですし、こちらも知りたいことがわかります。

また部下や仲間にもっとがんばってほしいとき、「自分ができるベストを100だとすると、今どれくらいで取り組んでると思う?」とたずねると、本人に自分の取り組み方を認識してもらうことができるでしょう。「もっとがんばれ」と伝える以上に、本人が「そうか、今自分はまだ6割くらいの力しか発揮していないのか」など、現状を認識できるので、意欲が湧いてくるのかもしれません。

逆に、自分が「どれくらい?」と質問されたときに、数字で答えるのもいいと思います。**「最近どう?」「楽しいよ~。0から10で言うなら8くらいかな」と言えば、相手はその後の会話を広げやすくなります。**

数字の質問、楽しんで使ってみてください。

POINT

・数字で答えられる質問は、誰でも答えやすい
・数字の答えから、会話を広げやすい

LESSON

37

あえて答えにくい質問で興味を探る

――むずかしい相手も怖くない質問ワザ〈上級編〉③

つづいて、よくあるけれど実は答えにくい質問です。

「これまでで最も影響を受けた人は誰ですか？」

「いちばん好きなのは、どんな本ですか？」

「今までに出会った中で、いちばんすごい人ってどんな人ですか？」

この「○○でいちばん□□」という質問は、過去を振り返るのに時間がかかるので、ちょっと答えづらい質問です。

「これまでで最も影響を受けた人」と聞かれたら、人生を振り返って影響を受けた数々の人たちを、「いちばん好きな本」と聞かれたら、これまでに読んだたくさんの本を思い出すことになります。昔の情報は脳の奥に置かれているため、引き出すのに時間がかかるのです。情報が出てきたら今度はその中からいちばんを選ばなければならないので、さらに時間がかかります。

こういった数十、数百の選択肢からひとつを選ぶ「分母の大きな質問」は、確かに答えにくいのですが、いい面もあります。好きな話題を選んでもらえることです。興味があることを相手が選んで教えてくれるので、短い時間で盛り上がるトピックにたどり着けます。

「映画がお好きなんですね。いちばん好きな映画は何ですか?」
「えー、古い映画だと『○○』、最近観た映画だと『○○』はよかったですね」
「営業をされているのですね。営業でいちばん大変なことって何ですか?」
「いちばんですか、そうですね、私は出張が多いのですが……」

こういったやりとりで、相手が教えてくれたキーワードから次の話につなげると、話が広がりやすいでしょう。

映画や大変なこと以外には、本、人、言葉、音楽、旅行、失敗談なども質問にしやすいトピックです。

質問した後は、答えにくいとわかっていますから、時間がかかっても焦らずに待ってみてください。

また、「答えづらいとは思うのですが」「答えづらいとわかっていながらあえてお伺いするのですが」など、相手がこう思うだろうなという気持ちをひとこと添えてから質問すると、相手もゆっくり考えることができるでしょう。

たくさんのボールを投げて興味を探すというこちらの作業を、相手にやってもらうのがこの質問です。そのことに感謝しながら質問できるといいですね。

POINT

- 「いちばん○○は何ですか?」という質問は、聞きやすいが答えづらい
- 分母の大きな質問で、相手に興味あるトピックを選んでもらう
- 「答えづらいとは思いますが」とひとこと添える

LESSON

38

本音で答えてくれない人には、あえてNOをぶつける

――むずかしい相手も怖くない質問ワザ〈上級編〉④

つづいて相手が話に乗ってくれないときの質問ワザです。お茶をにごすような返答で話が展開しないときは、あえてNOをぶつけると突破口が開くことがあります。

ある経営者の方にインタビューしたときのことです。海外でアートを学ばれたおしゃれな方だったので、商品パッケージなどデザインに興味をお持ちだろうと想像して質問するのですが、暖簾《のれん》に腕押し。なかなか取り合ってもらえません。表面的なやりとりばかりで時間が過ぎていく中、焦った私は少し的外れな質問をしてしまいました。

すると、その方のスイッチがオンになったのです。「それは違います」と声を大きくすると、その後は真剣に語ってくれました。

怪我の功名です。このとき学んだのは、**人は誤解されていると思うと説明したくなる**ということでした。

それ以降、あえて「そうではない」とわかっている質問もするようになりました。たとえば、これはパッケージにこだわってつくったんだろうなと想像しながら、あえて「こだわったのは、商品の名前ですか?」とたずねるような感じです。

DJになりたての頃は「わかってないなあ」と思われるのが嫌で、こういった質問はできませんでした。むしろ、私はわかっていると自分を主張するような質問をしていたと思います。でも、相手のいいところを引き出せたほうが番組は楽しくなるとわかるにつれて、少しずつですが自分がどう思われるかが気にならなくなりました。

また、「本当は違うと思っていながら、あえて質問した」ということを、番組のスタッフは理解してくれたことも大きかったと思います。ときには、「あの質問、助かったよ」とゲストの方に言っていただけることもありました。

何のために質問するのか？　目的は、大きな助けになってくれます。

インタビューの場合は、ゲストの方の魅力を引き出して、聴いてくださる皆さんに楽しんでいただくことです。インタビュアーとして質問していると自分を主張したくなることもありますが、そういうときはいつも目的に立ち返るようにしています。

POINT

・話に乗ってくれないときは、あえてNOをぶつけてみる
・自分を主張したくなったら、目的を思い出す

LESSON

39 事前にシナリオをつくりすぎない

むずかしい相手も怖くない質問ワザ〈上級編〉⑤

会話は、プレゼンと違って事前に準備することは少ないと思いますが、初デートや営業先に出かけるときなどは、会話のシミュレーションをすることもあるでしょう。事前準備には、考えがまとまるといった良い面もたくさんありますが、ときにマイナスになることもあります。準備したとおりに会話を進めたくなるからです。

ザ・ハイロウズというロックバンドにインタビューしたとき、私の手元には、いつも以上につくりこんだ原稿がありました。スタッフが、「ハイロウズはむずかしいよ。真面目に答えてくれないからね。覚悟しといたほうがいい」とアドバイスをくれたからです。

不安な気持ちで迎えた本番当日。ハイロウズの皆さんは、想像以上に答えてくれませんでした。質問に対して返ってくる答えの意味が、まったくわからないのです。女の子の名前がたくさん出てくるので、「お知り合いの方ですか」とたずねても、笑われるばかりで、理由がわかりません。かみ合わない会話をなんとか先に進めようと台本どおりに質問を重ねるのですが、最後までちぐはぐなまま、インタビューは終わってしまいました。

どうしてちゃんと話してくれないわけ？　ニューアルバムの宣伝に来てるんでしょ？　私は内心ムカムカしながらも、一応お礼を言ってスタジオを出ました。するとヴォーカルの甲本ヒロトさんが言うのです。

「やっぱり怒るよね～。でもさぁ、僕たちも全国で同じ質問ばっかりされて、もう飽きちゃったんだよね。それよりさ、今日のパンツは何色ですかって聞かれたほうが面白いんだよね」

この人は何を言っているんだろう？　パンツの色なんて聞けるわけないじゃない！と思いながら片付けを済ませて、さあ帰ろうとエレベーターに乗ったら、なんとハイロウズの皆さんがいるではありませんか！

もうどこまでタイミングが悪いんだと、お化粧室へ立ち寄らなかったことを後悔して、気まずい気持ちのまま、ずっと下を向いていました。

でも、それでは大人げないと思い、「もう東京へお戻りですか？」とたずねると、これからアナログレコード屋さんへ行くのだと言います。「西任さんは？」と聞かれて、泊まっているホテルに帰ることを伝えると、偶然にも同じホテルでした。

「それなら一緒に帰ろう」ということになり、なぜか私もタクシーに乗ってアナログレコード屋さんへ。その後ホテルに着くと、みんなでゲームをするから一緒にやろうと誘ってもらい、そこで初めてわかりました。インタビューのときに出てきた女の子の名前は、ゲームの登場人物だったのです。

そうして何時間も一緒に過ごす中で、ハイロウズの皆さんはいろいろな話を聞かせてくれました。

深く印象に残っているのは、ギターのマーシーこと真島昌利さんが伝えてくれた言葉です。

「自分の意見を通すためには、まず結果を出さなきゃいけないんだよ。自分の意見を聞いてもらえるのはそれからさ」

当時彼らが発売した『Tigermobile』というアルバムは、ジャケットがトラ皮仕様になっていました。紙と比べて予算がかかるデザインの実現は、簡単ではなかったことを教えてくれたのです。（その話、インタビューで聞きたかった……）

その日から私は、準備をしてもそこにとらわれなくなりました。準備よりも大切なのは、目の前にいる人と向き合うことだと、ハイロウズの皆さんに教えてもらったからです。

会話は、相手と一緒につくっていくものです。自分が用意したシナリオどおりに進むことはありませんし、それでは面白くならないでしょう。準備をすると完璧に再現したくなりますが、それは自分のエゴです。

大切なのは、目の前にいる人を見て感じること。準備をしないほうがいいとは言いません。でも準備をしたのは過去です。準備にとらわれることは、過去にとらわれることでもあるのです。

目の前にいる人が、準備した原稿ばかり見ながら予定どおりに事を進めようとしていたらどうでしょうか？　きっと自分の存在を無視されているように感じるでしょう。

不安になると、準備したことに頼りたくなるものです。そんなときもやっぱり、何のために話すのかという目的に立ち返ってみましょう。目的は、準備したとおりに話を進めることではないはず。それに気づけたらもう大丈夫です。

POINT

- 準備しても、とらわれない
- 大切なのは、目の前にいる人を見て感じること
- 会話はその場で相手と一緒につくっていく
- 不安になったら、会話の目的に立ち返る

CHAPTER 4

質問に答えてもらうためのチェックリスト

- □ 質問は相手へのプレゼントだと思って自信を持って聞く
- □ 意図を伝えてから質問する
- □ 相手に質問されたら、短く答えて、相手に質問を返す
- □ 「相手が話しやすいこと=最近の出来事」から聞く
- □ 相手の答えを受け入れたことを示してから、次の質問をする
- □ 素朴な疑問も恥ずかしがらずに聞く
- □ よく観察してこだわりのポイントを見つける
- □ 話し下手な人には、考えなくても答えられる質問をする
  体験について質問する／オープン・クエスチョンで質問する
- □ 一歩踏み込みたいときには、変化球の質問をする
  「いちばん○○なのは何ですか？」で興味を探る／わざと誤解した質問をする
- □ 事前に問答シナリオを準備しすぎない

CHAPTER

5

話を
盛り上げる

LESSON 40

あいづちのバリエーションを増やす

第5章のテーマは、話を盛り上げる聞き方です。

まずはちゃんと話を聞くこと。そして、**ちゃんと聞いていることを相手にわかるように伝える**ことです。聞いているあなたの心を、外から見ることはできません。だから「ちゃんと聞いているよ」ということを、まわりの人にわかる形で表現したいのです。

ラジオDJになって2年が過ぎた頃、先輩がこんなアドバイスをくれました。

「リスナーさんからもらったメッセージを紹介するときのトーンが、ちょっと暗いね。真剣なんだと思うけど、聞いている人にはわからないから、もっと明るく読むといいよ」

真剣になると暗く聞こえるなんて、想像もしていないことでした。自分としては○○のつもりでも、相手にそう伝わるとは限らないのです。

相手にどう聞こえるかを意識することの大切さを教わってからは、自分の言動を客観的に見るよう心がけました。表情や声、言葉に姿勢といった自分の言動が、相手の目にどう映るかを想像しながら話すようにしたのです。

まずはあいづちのバリエーションを増やしました。「ええ」「はい」「そうですか」など自分でもワンパターンだなと思っていたので、まわりを観察して真似をすることから始めました。

シチュエーション別に見てみましょう。

■相手の話を肯定したいときのあいづち

「そうですね」「そのとおりですね」「なるほど」「本当ですね」「私もそう思います」

「もっともです」「やっぱり」「まったくです」

「もっともです」「まったくです」なんて言ったことがなかったので、初めて真似をしたときは少し照れくさいものの、大人になったように感じたものです。言い慣れないあいづちも、使ううちに自然に出るようになります。

■ 興味があることを表したいときのあいづち

「驚きですね」「信じられません」「本当ですか？」「そうなんですか？」「それでどうなったのですか？」「すごい！」「それから？」「それで？」「面白いですね」「もっと教えてください」「ほぉ」「まぁ！」「なんと！」「へぇ」「えぇ」

「ほ、ま、へ、え」などは一文字だけでもあいづちになりますね。もちろんカジュアルな表現になりますから、ＴＰＯに応じて使ってください。

最後は、相手の話に同意できないときのあいづちです。

■同意できないときのあいづち

「そうなのですね」「興味深い考え方ですね」「新しい視点ですね」「独自の視点をお持ちなんですね」「○○さんならではですね」「そうかもしれませんね」「その考えに賛同される方は、多いでしょうね」

このようなあいづちからは、相手の話を受け入れたことが伝わります。
また相手の発言を繰り返しても、受け入れたことを表せます。

「○○さんは、今回のプロジェクトには反対だとお考えなのですね」
「この予算では無駄が多いという考えを、○○さんはお持ちでいらっしゃるんですね」

自分は同意できないと思ったとき、まずは「相手がそう考えているという事実」を受け入れます。ここでいう「受け入れる」とは同意することではありません。**自**

分には自分の考えがあるように、相手にも相手の考えがあることを尊重するという
ことです。

自分とは違う考えが聞こえてくると、感情的になって反論したくなるかもしれま
せん。

反論していいのですが、その前に相手の考えを受け入れられるといいですね。そ
のほうが建設的な会話ができるからです。

考えは「自分が持つもの」であって、「自分そのもの」ではありません。でも自分
の考えを否定されると、自分そのものを否定されたように受け止めがちです。考え
と自分をひとつに捉えているからです。

考えは、変わるものです。10年前にいいと思っていたことも、今は変化している
のではないでしょうか？

考えと自分を別だと捉えると、感情的にならずに受け入れられやすいと思います。

POINT

- いろいろなあいづちで、ちゃんと聞いていることを伝える
- 言い慣れないあいづちは、口に出して身体で覚える
- 同意できないときも、相手はそう考えているという事実を受け入れる
- 考えと自分を別々に捉える

COLUMN

02

目上の人に「なるほど」はNG !?

「なるほど」という言葉は立場に関係なく使われますが、もとは同じ立場か目下の人に使う言葉です。
そのニュアンスをなんとなく感じるからでしょうか。「なるほどですね」と言いたくなることがあります。最近は気にされる方も少ないと思いますが、「ご指摘ありがとうございます」「おっしゃるとおりです」「承知いたしました」「そのとおりです」などと言いかえてもいいでしょう。

03

伝わるのは、言葉よりも身体？

俳優のことは、アクターといいますね。アクターとはアクションする人、つまり「身体を動かして表現する人」という意味です。日本を代表する映画スターのひとり、千葉真一さんは、「肉体は俳優の言葉である」が信念だったそうです。セリフ以上に身体のほうが、人間の心の機微を伝えられるのかもしれません。

LESSON

41

全身であいづちを打つ

あいづちは、言葉だけではありません。うなずきや首を傾げるといった身体のあいづちもいろいろあります。たとえば191ページのような動きです。

これらの身体表現の中には、自然にやっていることもあるでしょう。たとえば驚いたときに目を見開くのは、情報をたくさん取り入れて不測の事態を切り抜けようという無意識の反応だといわれています。

話している途中に立ち上がるというのは、ちょっとした遊びです。トークショーや動画などでやってみると、みんなを楽しませることができますよ。

ちなみにラジオやポッドキャストなど、音声メディアで話すときに立ち上がると、マイクから離れて声が遠くなります。聞いている人に空間を感じてもらえる表現のひとつです。

こういった身体のあいづちは、普段から身体で表現をするダンサーや俳優さんにとってはあまり抵抗がないでしょうが、そうでない場合、大げさで恥ずかしく感じるかもしれません。でも、**伝えるためには多少大げさなくらいがちょうどいい**と思います。

ボディランゲージを学んだスピーチの生徒さんに自分が話す映像を見返してもらうと、ほとんどの人が「こんなに動いてないなんて……」と言われます。

少しでも普段していないことをすると、大きな違和感を感じるもの。

自分では少し大げさに感じるくらい、身体であいづちを表現してみましょう。

立ち上がる

非常に驚いた。じっとしていられないほど、心が大きく動いた。

腕を重ねる

腕をX字に組むと威圧的な印象を与えるので、組まずに重ねる

考えている。自分のこととして捉えている。真剣である。

少し身を乗り出す

もっと聞きたい。興味がある。

後ろにもたれかかる

話を受け入れよう、理解しようとしている。

姿勢を変える

気持ちを新たにする。集中する。

下を見る

思い出す。考えたり、感じたりしようとする。

上を見る

思い浮かべる。想像する。

目を見開く

驚いた。

ペンとメモを取り出す

メモをとりたくなるほど大切な話だと思っている。

POINT

・身体を使って、意識的にあいづちを打つ
・あいづちは大げさなくらいがちょうどいい

LESSON

42

頭で理解したことを伝える

あいづちでちゃんと聞いていることを伝えたら、今度は話を理解したことを伝えます。

「頭でわかる」と、「心でわかる」。両方が伝わるといいですね。

まず「頭でわかった」を伝える方法です。

相手の話を要約すると、頭で理解したことが伝わります。このページの内容なら、

「頭と心の両方でわかったことを伝えるといいのですね」

となるでしょう。こうして聞いた話を短い言葉で伝えると、受け取った内容を相

手と一緒に確認できます。

このとき、理解がズレていることがわかったら修正してもらえますね。小さな段階でズレを解消できれば、言った言わないなどの誤解やトラブルも避けられるでしょう。

要約は、ちょっとした思考の技術なので最初はむずかしく感じるかもしれません。そんなときは、友達のＳＮＳやニュースなどを読んだときに、「つまり〇〇ってことね」とひとことでまとめる練習をしてみるといいですよ。

また得意そうな人がまわりにいたら、「今のをひとことで言うとどうなるかな？」と質問して教えてもらうのもオススメです。

要約を伝えるタイミングは、相手がひと息ついたときがいいでしょう。話し終えると、ふっとひと息つく瞬間が訪れますから、そのときに伝えると流れをさえぎりません。

ちなみに要約しすぎると話の腰を折ることになりますので、ときどきで大丈夫です。

POINT

・理解したことを短く伝える
・理解がズレていたら、修正してもらえる
・相手がひと息ついたタイミングで、話を要約する(ときどき)

LESSON

43

心で理解したことを伝える

次は「心でわかった」を伝える方法です。心でわかるとは、共感するということ。まずは相手が快と不快、どちらの気持ちなのかを感じることから始めてみましょう。嬉しい、楽しいなど快い気持ちでしょうか？　それともつまらない、イライラするなど不快な気持ちでしょうか？

たとえば、相手がこう話したとします。

「うちの妻は、朝、俺が仕事へ行かなきゃいけないのに全然起きてこないんだ。最後に朝ごはんをつくってもらったのなんて、もういつだったか思い出せないくらいだよ」

さてこの人は、快と不快、どちらの気持ちでしょうか？

同じ言葉でも、嬉しそうに笑っていれば快、ふてくされた様子なら不快かもしれません。表情や声のトーンがヒントになります。

快、不快がわかったら、次は理由を想像します。理由は、欲求をベースに考えるといいでしょう。欲求が満たされれば快、満たされなければ不快な気持ちになることが多いからです。

■嬉しそうな場合の欲求（＝快）

①妻の寝坊を許せるくらい自分は心の広い人間になりたい
→実際に寝坊を許しているから「快」

②妻に甘えてもらいたい
→甘えてくれているので「快」

■不服そうな場合の欲求（＝不快）

③妻ともっと一緒に時間を過ごしたい
→でも朝、一緒にいられないから「不快」

④早起きして仕事へ行く自分の貢献を、妻にも認めてほしい
→でも認めてくれていると思えなくて「不快」

⑤妻にもっと自分をサポートしてほしい
→でも朝起きて、食事をつくってくれないから「不快」

理由を想像できたら言葉にして伝えます。

①「朝が弱い奥様のことを受け入れていらっしゃるんですね」
②「○○さんって器が大きいから、奥様もきっと安心して甘えられるんでしょうね」

③「奥様と一緒に過ごせる時間が、もっとあるといいですね」

④「○○さん、本当に意欲的にお仕事に取り組まれていますものね。奥様もそれをわかってくださるといいですね」

⑤「奥様のサポートって、すごく大きな力になりますものね」

このとき、想像した理由が正解かどうか不安になるかもしれませんが、それはあまり重要ではありません。心に寄り添い共に感じることが大切だからです。

もし正解だった場合、相手は「そうか。自分はそう思っていたのか……」と、自分の心に気づいてほっとした様子になるかもしれません。自分でも気づいていなかったことを言葉にしてもらえるのは嬉しいものです。

不正解だった場合は、話が深まるでしょう。「いや、そういうわけじゃないんだよ」と言いながら、相手の意識は「じゃあ自分は何を求めているんだろう?」と自分の心に向かうからです。

このように、心で理解したことを伝えると、お互いの焦点が心に向かいます。最初から心で話せたらいいのですが、普段のコミュニケーションはどちらかというと思考優位になりがちなので、心の会話にシフトするには少し時間がかかることが多いでしょう。

「僕は妻の寝坊を受け入れられるくらい大きな人間でいたいと思っていてね。それができる自分ってなかなかだなあと思うんですよ」

「僕はがんばって家族に貢献していることを、妻にもっと認めてほしいんです」

こんなふうに、思っていることを言葉にできたらいいのかもしれません。でも、自分のことは自分でもよくわからないものです。いえ、もしかしたら自分のことがいちばんよくわからないのではないでしょうか。

会話を通してお互いの心に寄り添いながら、相手のことも、自分のことも理解していく。それは、会話の醍醐味のひとつですね。

POINT

- 相手の感情が「快」か「不快」かを感じる
- 感情の理由を想像して、言葉にする
- 想像は外れていてもいい
- 会話を通して相手も自分も理解していくのは、会話の醍醐味

LESSON

44

気が合う人になる

「気が合う人」という表現がありますね。言い得て妙な日本語だと思いませんか？なぜなら私たちはこの言葉どおり、まさに気が合う人を付き合いやすいと感じるからです。気とは空気の気、つまり呼吸のことです。だから気は合わせることができます。呼吸を合わせると、気が合う人になれるのです。

呼吸は、話す速さに表れます。そこで、**話す速さを相手と同じにしてみましょう。**相手が早口なら自分も少し早めに、ゆっくりなら自分もゆっくり話します。すると気が合うので、お互いに居心地が良くなります。

話す速度は、あまり意識されることがありません。「よし、この人はわりとゆっくりしゃべるから、今日はゆっくりめにしゃべろう」とか「ここは速いテンポで話そう」と考えて話すことは、あまりないでしょう。つまり、誰もが自分にとって自然なテンポで話しているため、同じテンポで話してもらえると心地良いのです。

歩く速さも同じですね。同じ速さの人と歩くときは、合わせる必要がないのでストレスがありません。話す速度も、合わせなくていいとラクなのです。といっても、まったく同じにする必要はありません。相手の話す速さに近づけるだけで十分です。

また、あえて相手と違う速さで話して、ペースを変えることもできます。たとえば、自分の上司がすごく早口で、お客様がちょっと聞き取りにくそうだと感じたら、あえてゆっくりめに話してみてください。必ず効果が出るかはわかりませんが、誰か一人でもゆっくり話す人がいると、なんとなく影響を受けて全体がスローダウンする可能性があります。

会話をするときに呼吸を意識するようになると、相手の気持ちを感じやすくなるでしょう。心と呼吸は連動しているからです。また、自然に呼吸が深くなるので、心は落ち着き、頭は冴えてきます。いいことづくめですね。

POINT

・同じ速さで話して、気が合う人になる
・あえて違う速さで話して、場のスピードを変える

LESSON

45

アドバイスは、相手が受け取れる状態になってから言う

相手の力になりたくてアドバイスをしても、うまくいかないことがあります。

きっと、アドバイスよりも先に共感を求められているからでしょう。

たとえば、レッスン43のセリフにこんなアドバイスをするとします。

「奥さんに、早く起きろって言ったほうがいいよ」

「奥さんも疲れてるんだろうから、うるさく言わないほうがいいんじゃないか」

「お前が自分でつくればいいだけだろう」

言われた人は、こう感じるのではないでしょうか？

「それが言えないから苦労してるんだよ」
「そんなことはわかってるけど、つい言っちゃうんだよ」
「自分でつくれるくらいなら最初からそうしてるよ」

話をしたら、まずはわかってほしいですよね。だから、**アドバイスを伝える前に、まずは相手の話をよく聞いて、否定せずに受け入れる。**そこではじめて、相手にアドバイスを聞く余裕が生まれるでしょう。

解決策を伝えないほうがいい、と言っているのではありません。伝えるなら、相手が受け取れる状態になってからのほうが伝わりやすい、ということです。

相手にあなたの話を聞く準備ができていることは、多くの場合、次のような言葉から伝わってきます。「どうすればいいかな?」「あなただったらどうする?」「どうしたらいいのかわからないんだよね」。そうした言葉で解決策を求められるまでは、口をはさまずに相手の話を聞いてみてはいかがでしょうか。

聞いている途中でアドバイスを伝えたくなったら、「アドバイスが浮かんだんだけど、話してみてもいい？」「あくまで自分の場合だったらこうするって話なんだけど、してみてもいい？」などと相手にたずねると、相手の聞く準備が整います。

みんな頭ではわかっていても、行動できないことがいっぱいです。だから、「こうしたらいいよ」と言われると、行動できない自分を責められたようで、苦しくなるのだと思うのです。頭では、善意で言ってくれているとわかっていても、正しさを押しつけられたように感じてしまうこともあるでしょう。

相手の力になりたいという気持ちが、いい形で伝わりますように。

POINT

・アドバイスする前に、まずは聞いて受け入れる
・解決策は、相手が求めているタイミングで伝える

LESSON

46 相手がなぜその話をするのか、考える

相手の話を理解したくて投げかけた質問が、的外れになってしまうことがあります。

「うちの妻は、朝、俺が仕事へ行かなきゃいけないのに全然起きてこないんだ。最後に朝ごはんをつくってもらったのなんて、もういつだったか思い出せないくらいだよ」

と言う相手に対して、

「朝ごはんは、洋食派？　それとも和食派ですか？」

とたずねれば、会話はトーンダウンするでしょう。朝ごはんの中身は、相手が伝えたいことにつながっていないからです。大切なのは朝ごはんのメニューではなく、奥さんにつくってもらえないことですね。

こういった話の本筋に関係ないところを広げてしまうのは、相手の伝えたいことよりも自分の興味が優先するときです。私の場合は言葉に興味があるので、相手の言った言葉の意味をたずねてしまい、話をずらしてしまうことがよくあります。

こういった話の脱線を避けるために、こんな質問を心に置いてみてください。

「この人は、なぜこの話をするのだろう?」

心の中で、この答えを探しながら話を聞くのです。人が話すのには必ず理由があります。多くの場合、何かをわかってほしくて話すのです。でもそれを言葉にできないばかりか、本人も何をわかってほしいのか、はっきりとはわからないまま話していることがほとんどです。

「この人は、なぜこの話をするのだろう?」

そう問いかけながら聞いていると、相手の言葉を表面的に捉えたり、関係のないほうへ話を広げる発言は減っていきます。

もしそういった質問が繰り返されるときは、思いついた質問を3回に1回だけ言ってみるのはどうでしょう。あとの2回は、心に浮かんでも言わないようにするのです。そのうちに、しなくてもいい質問を結構していたことに気がつきます。

最初は、今までよりも長く相手の話を聞き続けることになるので、違和感があるでしょう。いつもの会話のペースではなくなるからです。だとしたら、大成功! 変わるときに違和感はつきものだからです。ぜひ、いつもとちょっと違う聞き方にチャレンジしてみてください。

ちなみに、「どうしてこの人は何度も同じ話をするのかな?」と思うことはありませんか?

同じ話を繰り返すのは、「わかってほしい」という思いが満たされていないからかもしれません。目的が達成されないから、同じ話をするのです。本人も気づいていない「わかってほしい」部分に、共感できたらいいですね。

POINT

- 「この人は、なぜこの話をするのだろう?」と考えながら聞く
- 相手の伝えたいことよりも自分の興味を優先しない
- 思いついた質問は3回に1回だけ聞く
- いつもとちょっと違う違和感を感じたら、ナイスチャレンジ!

LESSON

47 「私も」と言いながら、話を奪わない

「うちの妻は、朝、俺が仕事へ行かなきゃいけないのに全然起きてこないんだ。最後に朝ごはんをつくってもらったのなんて、もういつだったか思い出せないくらいだよ」と言われて、

「わかるよ。うちも同じ。うちなんてさぁ……」

と共感したつもりが話を奪ってしまう。そんな**話のハイジャック**が起こったときは、自分で気がつけるといいですね。

「わかる！」と思ったとき、自分では共感しているように感じるのですが、そのとき感じているのは自分の気持ちです。相手の気持ちに心を寄せているというよりは、似た状況における自分の気持ちについて話していることが多いでしょう。その

ため、話の中心は、「相手の気持ち」から「あなたの気持ち」へと移ります。気持ちをわかってもらえなかったと感じた相手が、「もういいや」と会話をあきらめたくなるのは、そんなときかもしれません。

もちろん、あなたの気持ちを伝えていいのです。でも、気持ちを伝えたいのは相手も一緒ですから、相手が話している途中で、「私も」と話を変えずに待てるといいですね。

話のハイジャックを避けるためにできることは、あなた自身のわかってほしい欲求を満たしてあげることかもしれません。わかってほしい欲求が溜まってくると、やらないほうがいいと頭でわかっていても、話したくなるからです。

誰かに話を聞いてもらえるといいのですが、それがかなわないときは、自分で自分をわかってあげられたらいいですね。自己共感については、『本音に気づく会話術』という本に書いていますので、よかったら参考にしてください。

POINT

・「私も」と言って、話をハイジャックしない
・ハイジャックは、わかってほしい欲求が満たされていないサイン

LESSON

48

相手が話し終えるまで話題を変えない

話をハイジャックするときによく使われるのは、「○○といえば」という言葉です。話題を変えたいときに、「○○といえば」と切り出せば、話がつながっているように感じられます。

たとえば、

「うちの妻は、朝、俺が仕事へ行かなきゃいけないのに全然起きてこないんだ。最後に朝ごはんをつくってもらったのなんて、もういつだったか思い出せないくらいだよ」

と言う相手に、「といえば」を使って話題を変えてみます。

「朝ごはんといえば、この前、うちの子どもがさぁ……」
「寝坊といえば、俺が高校生のとき……」
「朝といえば、今朝驚いたことがあってさ……」

このように「といえば」と言うと、相手が話した単語につなげて話題を変えられます。そのためスムーズに切り替わったように感じるのですが、相手はどう思うでしょう。違う話に変わってしまい、がっかりするかもしれません。

この「といえば」もやはり、自分が話したい気持ちが大きいときに使われます。聞くよりも話したい人のほうが多いと言われますが、それだけ「自分のことをわかってほしい」と感じている人が多いのだと思います。

ところで、**「といえば」は、同じ話が続いてみんなが退屈しているときに使うと喜ばれます。**流れを分断せずに、話題を変えられるからです。ぜひ状況を見て使ってみてください。

POINT

・相手の話が終わるまでは、「といえば」と言って話題を変えない
・みんなが退屈しているときは、「といえば」と言って話題を変える

LESSON

49 聞き取れなかったら、質問ではなく確認する

お客様や上司など、立場が上の人の話を聞き取れなかったとき、「もう一度言ってくれませんか？」とは言いづらいものです。だからといって、わかったふりをすると後から問題になるかもしれません。

そんなときは、質問しないで確認することができます。

たとえば、上司が誰かを褒めているのですが、それが増田さんか、増尾さんか聞き取れなかったとしましょう。そんなとき、

「え？　増田さんですか？　増尾さんですか？」

と質問すると話の腰を折ってしまいます。

また人によっては、「あなたの滑舌が良くないから、聞き取れませんでした」と非

を指摘されたようで、不愉快に思うかもしれません。
そこで、**聞き取ったかのように確認してみましょう。**

「そうですね。増田さんってやさしい方ですからね」

このとき、「増田」という名前を相手が聞き取れるよう、ゆっくり言うのがポイントです。もし間違っていたら相手は、「違うよ、増尾さんだよ!」と正してくれますし、合っていればそのまま会話は進んでいくでしょう。

単語ではなく話の内容がよくわからなかったときは、要約して確認します。

「△△という理解で、合っていますか?」
「○○さんは△△とお考えだと受け取ったのですが、合っていますか?」

このように質問すると、自分の受け取り方や理解が合っているのかを確認できます。もし間違っていても、それは自分の理解の仕方がまずかったからであって、相手の話がわかりにくかったからということにはなりません。

実際のところ、確認してみたら、自分がしっかり聞けていなかったということもあるでしょう。

話がよくわからないときは、相手のせいにしたくなりますが、自分がそこから何を学べるかと視点を変えてみると、すべてのことが学びになりますね。

POINT

・聞き取れなかった箇所は、質問せず、ゆっくり繰り返して確認する
・自分の受け取り方や理解が合っていたかを確認する
・相手の話のわかりにくさを指摘しない
・わかりにくい話もそこから何を学べるかを考えてみる

LESSON

50 相手の言い間違いを直接指摘しない

相手が言い間違えたときも、同じように対応できます。

ラジオにゲストで来てくださった方が、「琴線（キンセン）に触れる」のことを「コトセンに触れる」とおっしゃったことがありました。「違いますよ、コトセンじゃなくて、キンセンです」と言ったら、相手に恥をかかせることになりますね。でもそのままにしておくと、ラジオを聞いている人が誤解されるかもしれません。受験生が聞いていたら大変です。

そんなときは、**言い間違えに気づかないふりをして言い直します。**「わかります！あの映画のセリフは、私のキンセンにも触れました」といった具合です。

言い直すのは、すぐ後がいいでしょう。すぐ後なら気がつきやすいからです。

「あれ？　もしかしてコトセンじゃなくて、キンセンって言うの？」という表情で相手がアイコンタクトしてきたら、あなたもアイコンタクトで「そうです」と返してみてください。同席している他の人には、言い間違いを知らせずに済むでしょう。

また、相手が言い間違いを連呼されることもありますね。「ほんっと、コトセンに触れますよ。いやぁー、コトセンですよね。コトセン」と何度も「コトセン」を繰り返されると、さすがに聞こえなかったふりはできません。そのときは言い間違いではなく冗談を言っているんだなと思い、「ですよね〜。コトセンに触れまくりです！」と相手の冗談に乗りました。その後すぐに「あ、受験生の皆さん、コトセンは冗談でキンセンですからね〜、念のため」と言ったところ、どうやら本当に言い間違いだったようで、「え？　あれってキンセンって読むんですか？　知らなかった」と言ってもらい、笑い合うという結果になりました。

このように、相手からどんな反応が返ってくるかわかりませんが、こちらからは「私が聞いていなかった」「私は冗談だと受け取った」というように、原因は自分にあるという伝え方をすれば、相手を立てることができます。

言い間違いって、本当によくありますよね。「年棒《ネンポウ》」を「ネンボウ」と言ったり、「腹に一物《イチモツ》ある」を「イチブツ」と言ったりなど、正しいと思い込んだまま気がついていない間違いは誰にでもあるでしょう。ちょっとした言い方の工夫で、メンツが潰れないコミュニケーションになりますね。

POINT

・相手が言い間違えたら、気づかないふりをしてさりげなく言い直す

LESSON

51 輪に入れない人をつくらない

場を盛り上げるコツ①

つづいて、グループでの会話を盛り上げるちょっとしたコツです。

たとえば、一人だけみんなの話についてこられない人がいたとします。知らないことが話題になっていたり、遅れていったりした場合など、輪に入れないときに感じる寂しさはまわりに広がるため、場に一体感がなくなるでしょう。

「感情」と「心臓」の関連について研究するアメリカのハートマス研究所によると、人間の心臓は周囲に直径およそ3メートルの磁場をつくり出し、その磁場によって他者の感情を感じられるのだそうです。

盛り上がれない人が一人いると、その気持ちは周囲3メートルに広がるというわけです。

せっかくみんなで話しているのですから、全員が話の輪に入れたらいいですよね。そこで、**話についてきていない人がいたら、さりげなく概略を説明したり、専門用語などは「今の意味、わかる？」と確認してみましょう。**その人が気をつかって「わからない」と言えないタイプなら、代わりに質問するのもいいですね。わからないふりをして、「今のどういう意味だっけ？」とたずねるのです。そうしてみんなが話についてこれたら心地良い場になりますから、自分もみんなもハッピーです。

逆に、自身がわかりにくい話をしたときに質問してくれる人がいると、ありがたく思うでしょう。自分ではどこがわかりにくいかがわからないからです。普段よく使う言葉やよくわかっている話は、どうしても説明を省きがちです。また、一人でも大きくリアクションしてくれる人がいると、その人の理解をベースに話をしてしまい、他の人を置いてきぼりにしてしまうこともあるでしょう。

だから、**「誰かのため」を思う質問は、聞く人だけでなく、話す人も幸せにします。**ぜひやってみてください！

POINT

・話題についてこれない人がひとりでもいると、一体感がなくなる
・自分はわかっていても、みんなのために質問する

LESSON

52

長々と続く退屈な話をさえぎる

場を盛り上げるコツ②

みんながつまらなそうに聞いている長い話は、勇気を出してさえぎることもやさしさです。そんなときは、こう提案してはどうでしょう。

「話の途中でごめんなさい。今日は、○○さんの話だけじゃなくてみんなの話も聞きたいから、今度は□□さんに話してもらいませんか？」

もちろん、それが言えたら苦労しないよ、という状況もあるでしょう。

インタビューでも、ゲストの方の話をさえぎるときは気をつかいました。あと30秒でCMが始まるという場面で、「それから……」と新しい話が始まったときなどは、話に割って入るしかないのですが、嫌な話の終わらせ方をしてみんなを不愉快にしたくはありません。

そういうときに大切にしたいのは、タイミングです。どんな人も息を吸うときは必ず話が途切れますから、その瞬間に話をさえぎるようにすると「ぶつっ」と途切れたようになるのを避けられます。

また、そのときのセリフを肯定語にすると、場が重くならないでしょう。もちろん相手が話している途中ですから多少強引にはなりますが、「そうなんですね」「いろいろお伺いできてよかったです」など、大きめの声で肯定語を言うと、場の明るさが失われることはありません。

会話の場合は、その後すぐに話題を変えて、別の人に話を振ると、場が変わりやすいでしょう。

「そっかあ、そういうことかあ。今の話、○○さんならどうしますか?」

「いいですね。今度は○○さんの考えも聞きたいなあ。今日は○○さんにお会いできるのも楽しみにしていたんです」

「なるほど！　そういうことなんですね。少し話がそれるかもしれませんが、〇〇さん、今の話で思い出したので聞いてもいいですか？」（質問する）

このように、肯定語でさえぎった後は、次に話してほしい人の名前を言いながら、その人に身体を向けます。

長く話していた人からできるだけ遠い位置に座る人を指名すると、みんなの目線が大きく動くので、場はさらに変わりやすいでしょう。

また新しい人に振る話題は、前の人の話につなげると、無理にさえぎった印象が薄くなります。前の人の話をちゃんと聞いていたことも伝わりますね。

そしてもうひとつ。別の人に話を振るセリフは、ひと息で言い切ると成功率がアップするでしょう。途中で息を吸うと、話し好きさんに話すチャンスをつくってしまうからです。

また、話す人は入れ替わっても、同じ話題が続いて場がだれることがありますね。

そういうときは、みんなが新しい話題を求めているので、さえぎっても嫌な空気にはならないでしょう。

「話を変えちゃうんだけど、いいかな?」
「実は今日、みんなと話したかったことがあるんだ」
「今、急に思いついたことがあるんだけど、言ってもいい?」

といった言葉で、話題を変えてみてください。

みんながつまらないと思う話を明るくさえぎって、全員がバランス良く話せるように話を振り、みんなで盛り上がれるトピックを話題にする。

みんなが一緒に楽しめる場をつくるのは、みんなに喜んでほしいという気持ちです。

POINT

・話が長すぎる人の話は、シンプルにさえぎってもいい
・さえぎるタイミング＝相手が息を吸う瞬間に、肯定語を明るく大きな声で言う
・遠い位置に座る人を指名して、話題を振る。話題は、前の人の話から単語を拾う
・息継ぎをせずひと息で言い切ると、成功率がアップする

LESSON

53

みんなが聞きたいことを質問する

場を盛り上げるコツ③

木村拓哉さんにインタビューしたときのことです。やっぱりみんなが知りたいのは、日常のキムタク。そこでキムタクの朝が絵に浮かぶよう、目が覚めてからどう過ごすのかを質問していきました。


「目覚まし時計はいくつセットしているんですか?」

「スヌーズを何回も押すほうですか? それともすぐに起きられるんですか?」

「朝起きて最初にすることは何ですか?」

「朝食はいつも家で食べるんですか? 洋食ですか? 和食ですか?」


木村さんは、「そんなこと聞いて面白いんですか」と言いながら答えてくださいました。でもラジオを聞いていた方からは、他では聞けないキムタクの日常が聞けて面白かったという感想をいただけました。

「みんな本当は聞きたいけど、聞きづらいだろうな」という質問は、場を盛り上げてくれます。みんなが興味のあることを、代表してたずねる感覚です。

では、どうすればそのような質問が浮かぶでしょうか。

自分の好奇心のフタを外すことです。「こんなことを聞いてはいけない」という考えがもしなかったら、どんなことを聞いてみたいですか？　自分に問いかけて、心の奥にある「知りたい」気持ちを解放しましょう。

また、聞きたいのに聞けないことがあると、それを避けようとしてどこかぎこちない会話になることがあります。

私の知人に、カツラをつけている人がいました。誰もがカツラだと思っていたのですが、本人がその話をしないので、誰も話題にしません。

ところがある日、そのなんとも言えない空気に耐えられなくなった人が、意を決してたずねました。「ねえ、それってカツラ？」

その人は、場が重くならないように気をつかって、軽いトーンの声でさらっと質問してくれたのですが、その場にいたみんなが息を呑みました。すると、カツラの人はこう言ったのです。

「そうだよ。しかもこれ人毛だから高いんだ」

その後は、みんなで盛り上がってカツラ・トークをしながら大爆笑。それ以降、カツラの人はとっても社交的になり、自らカツラの話をネタにするようになったのでした。

このとき学んだのは、人の髪の毛でつくられたカツラは値が張るんですね、という話ではなくて、**触れてはいけない話があると思うと緊張感のある人間関係になってしまう**ということです。

触れてはいけないと思っているのは、案外自分の思い込みかもしれません。話すきっかけがなかっただけかもしれないのです。

なんとなく気持ち悪いな、嫌だなと感じたら、パイプの詰まりをとって、風通しのいい関係になれるといいですね。

POINT

・みんなが聞きづらいことを聞いてみる
・触れてはいけないことがあると、関係が緊張する
・なんとなく嫌なことに、関係改善の鍵がある

CHAPTER 5

気持ち良く話してもらうための チェックリスト

- □ いろいろなあいづちのバリエーションを持っておく
  肯定のあいづち／興味があることを示すあいづち／賛成できないときのあいづち／身体を使ったあいづち／表情で示すあいづち
- □ 頭と心で相手の話を理解したことを伝える
- □ いきなり解決策を提案しない
- □ 「この人はなぜこの話をするのだろう？」と常に考えて相手の心に寄り添う
- □ 「私も……」で、相手の話題を横取りしない
- □ 相手の話が終わるまでは、話題を変えない
- □ 話を聞き取れなかったら、自分のせいにして確認する
- □ 相手が言い間違えたら、気づかないふりをしてさりげなく正す
- □ 複数の人と話すときは、場の欲求を理解して盛り上げる
  自分はわかっていても、みんなのために質問する／話が長すぎる人の話をさえぎって、別の人に話題を振る／話題が行き詰まったら、別の質問をして方向転換する

CHAPTER

6

オンラインではどう話す？

LESSON

54

自分の見え方を意識する

オンラインで話すときにまず意識したいのは、目線です。距離のあるオンラインだからこそ、目を合わせて話せたらいいですよね。

オンラインでは、いつもと同じように聞いてくださる方の顔を見ながら話をすると、目線は外れてしまいます。そのとき相手に見えているのは、ずっと斜め下を向いて話すあなたの顔。それではどうしても、伝わる力が小さくなってしまうでしょう。

そこで、自分が話すときはカメラのレンズを見ます。相手の表情が見えなくなるので話しにくいかもしれませんが、レンズを相手の目だと思ってみてください。少し話しやすくなると思います。

相手の話を聞くときは、相手の顔が映っているパソコンの画面を見るといいでしょう。**話すときはレンズを見て、聞くときは画面を見る、**といった感じです。

つづいてカメラの角度は、上からすぎず、下からすぎないのがいいでしょう。リアルでのコミュニケーションをイメージするとわかりやすいと思います。向かい合う相手に見える自分の顔が、顎を突き出した下からの角度や、顎を引きすぎた上目づかいになっていたら不自然ですね。画面を見ながら、自分の顔を正面から捉える角度にカメラの位置を調整しましょう。

また**画面に映る自分のサイズは、ニュースキャスターが映る画面が参考になります。**顔が大きすぎると圧迫感がありますし、小さすぎると表情がよくわかりません。真ん中に座る自分の頭上に、こぶしひとつ分のスペースが空いているバランスがちょうどいいでしょう。

背景には、ノイズがないように注意します。ノイズとは雑音、つまり「気になる何か」のことです。天井の横線や棚の縦線が歪んで見えると、なんとなく気になりますね。また自分の頭にピクチャーレールなどの横線が重なると、串にささった団子のように見えてしまいます。ポスターなど、絵や文字が見えるのもやはり気になるでしょう。

逆に、あえて何かを見せて、背景を自分の印象の一部にすることもできます。アメリカ大統領は、国旗を近くに置くことで、自分が国の代表であることを印象づけると聞いたことがあります。自分と一緒に記憶してほしい色やイメージを背景にするのもいいですね。

また、**背景は話題づくりにも役立ちます。**自分が話したいことや、相手に質問してほしいことを、背景で伝えるのです。

たとえば書棚の写真を背景にすると、「本がお好きなんですか?」と聞いてもらえるかもしれません。

自分からも、相手の背景にヒントをもらって、話を振ってみましょう。自由に選べる背景の画像には、きっとその人の好きなものが反映されているはずです。

POINT

- カメラのレンズを相手の目だと思って話す
- 相手の話を聞くときは、その人の顔が映っている画面を見る
- 画面に映る自分のサイズは、ニュースキャスターを参考にする
- 背景には余計なノイズを入れない
- 背景は話題づくりにも役に立つ

LESSON

55

カメラはオンにする

オンラインで誰かと話したり会議に参加したりするとき、あなたはカメラをオンにして、自分の顔を他の人に見えるよう表示していますか？　状況にもよりますが、**多くの場合、表示したほうが自分の集中力が上がる**でしょう。

講演会や学校の講義にリアルで参加するとき、壇上に立ち講演する話し手に近い前のほうの席に座るか、後ろのほうの席に座るかの違いです。前のほうに座って相手から見えていると思うと、それだけで集中力は高まりますね。

オンラインで話を聞くときは、リアルと比べてどうしても集中力が落ちやすいので、自分のために映像をオンにするのがいいでしょう。

あのー…
えーと…
映像オフ
……

映像オン

また、**話す人にとっても、聞く人の顔が見えていると話しやすくなります。**聞いた話ですが、ある大学では生徒のみんなが映像をオフにしているため、真っ暗な画面に向かって話し続けた先生が鬱病になってしまったそうです。

私も初めてオンラインで話をしたときは、その話しにくさに驚きました。ラジオで話した経験があるので、相手の反応が見えなくても大丈夫だと思っていたのですが、いざ始まってみると、まったく言葉が出てこなかったのです。

ラジオの場合はまわりにいるスタッフの姿が目に入ります。自宅では、静かな部屋にひとりですから、何も反応がありません。

その経験からわかったのは、話すときに、いろいろな人からエネルギーを受け取っているということです。目には見えませんが、何かをもらいながら話しているのですね。

ですから、自分が聞き手のときに映像をオンにすると、話の質が変わると思います。大勢で話を聞いているときに、自分の聞き方が話す人に影響を与えているとは思えないかもしれません。でも実際は、聞いている人、ひとりひとりが話す人に大きな力を与えているのです。

POINT

・カメラをオンにすることで集中力が上がる
・聞き手の顔が見えていると、話す人も話しやすい
・私たちは話すとき、さまざまな人からエネルギーをもらっている

LESSON

56

ときにはあえてカメラをオフにして話してみる

自分が話すときに、あえてカメラをオフにするのも、場合によってはありだと私は思います。そのときは、相手も、あるいは会議などであれば参加者全員が音声だけでコミュニケートするといいでしょう。**声だけが聞こえるほうが、聞くことに集中しやすくなる**からです。

人間は五感の中で主に視覚を使っているといわれ、その割合はおよそ8割だそうです。相手の顔が見えないときは、その8割を聴覚に使うことができます。その結果、声にしっかりと耳を傾けることになるので、より多くを感じられるだろうと思うのです。

音声だけで伝わるラジオでは、想像以上に多くのことが伝わります。落ち込んだり気分が乗らない日に明るく話そうとすると、それがすべて、声で伝わってしまうのです。

「ニシトさん、今日も元気ですね。でも今日は何かあったけど、元気に話そうとしている元気ですね」なんていうメッセージをいただいたときは、声の持つ力に驚きました。

またテレビとラジオの両方で活躍されていた先輩から、ラジオのほうがごまかしがきかないと教わったこともあります。映像があって、顔が見えているほうがごまかせないような気がしますが、声だけのほうが本心を見抜かれるというのです。そのときは、そういうものかなと思うくらいであまり理解できませんでしたが、経験を重ねるにつれて声の力の大きさを知るに至りました。

声って、すごいんです。耳を傾けるほど、これまで感じられなかったたくさんのことが聴こえてきます。ですからオンラインでもオフラインでも、誰かの話を聞くときに、視覚に使っている力の3分の1くらいを聴覚に使ってみてください。これまで以上に相手の気持ちや真意を感じ取れると思います。

ちなみに聞いた話ですが、視覚に障害がある方には映像が見えませんから、誰が話しているのかわからなくて困ることがあるそうです。特にオンラインでは、リアルよりも会話の参加人数が多い場合が増えたことから、名前と声を一致させて覚えるのが大変なのですね。

いろいろな方が参加されるオンラインの場では、誰が話しているのか、名前も伝えられるといいですね。

POINT

・あえて音声だけで会話すると、聞くことに集中できる
・声に耳を傾けると、たくさんのことが聞こえてくる

LESSON

57

あいづちは大きく打つ

オンラインで聞き手の音声がミュートされているときは、声であいづちを打つことができません。その場合は、身体であいづちを打つことになるわけですが、**オンラインではリアル以上に大げさなあいづちがいいでしょう。**小さく分割された画面の中で小さくうなずいても、話す人には見えづらいからです。

私がオンラインで講義をするときは、カメラの向こうに大型の画面を設置して、レンズの向こうにぼんやりと生徒さんの姿が見えるようにしています。焦点はカメラのレンズに合っていますが、ぶんぶん首を振ってうなずいてくれる生徒さんがいると目の端っこでわかります。

そんなに大きく動くことは、とっても不自然に感じられるでしょう。リアルでそれをやったら、確かにちょっと変です。でも切り取られた画面の中で、しかもその画面が小さく表示されるときは、不自然なくらい大げさなのがちょうど良さそうです。

たとえば舞台の上での動きやセリフは、とても大げさですね。隣にいる人に話しかけるセリフなのに、お客さんのほうを向いて言うのも不自然です。でも見ている人にとっては、それが自然。

表現においては、自分が自然に感じることがいいとは限りません。自分のこだわりを横に置いて、相手にとって受け取りやすい表現ができるといいですね。

大きくあいづち

POINT

・リアクションは不自然なくらい大げさなのがちょうど良い

CHAPTER 6

オンラインで会話を盛り上げるためのチェックリスト

- □話しかけるときはレンズを見て、話を聞くときはその人が映っている画面を見る
- □画面に映る自分のサイズは、ニュースキャスターを参考に
- □背景には余計なノイズを入れない
- □背景を話題づくりに役立てる
- □カメラをオンにすることで集中力が上がる
- □時にはあえて音声だけで会話すると、聞くことに集中できる
- □リアクションは不自然なくらい大げさなのがちょうど良い

おわりに

最後までお読みくださって、ありがとうございました。

初版からの7年間、こうして手に取ってくださるたくさんの方々のおかげで、この新版は誕生の日を迎えることができました。この場を借りて、心より感謝申し上げます。

聞くことは、たいへん奥深い行為です。

この7年で気がついたのは、自分がいかに話を聞けていないかということでした。この本にも繰り返し書きましたが、聞くとは内的な行為ですから、どのように聞いているかは自分にしかわかりません。自分を見つめる視点が深まるたびに、新たな次元の「聞く」が拓かれて、自らの未熟さを思い知る。「聞く会話術」が誰よりも必要なのは、自分だと気づかされる7年でした。

振り返ってみれば、自分のコミュニケーションはいつも怖れがベースだったように思います。まわりに嫌われないように、空気を乱さないように、否定されないように、バカにされないようにと必死で自分を守ろうとしていたからです。

でも、そんなにがんばって守ろうとしている「自分」って、いったい何なのだろう？

この疑問に向き合わなければ先はないと思ったことから、しばらく何もしないで「自分というもの」を見つめることにしました。その期間に体験したことについては、また他の機会にお伝えできればと思いますが、ひとことで申し上げるならば、「自分とはやさしさそのものである」という気づきに至ったのです。

ここでいう「自分」とは、西任個人のことではありません。**すべての人の本質は、**

やさしさであり、それは思い出されると自ずから表現されると理解したことから、自分のやることも明確になりました。

みんなが、自分の中にあるやさしさを思い出すお手伝いをさせていただくこと。

私たちひとりひとりが、自分の中にあるやさしさにつながれたら、世界はもっとやさしくなれると思いませんか。

この考えに共感してくれる多くの仲間たちが、ポッドキャストやボイシー、ユーチューブなど、日々の発信をサポートしてくれています。Akiko's World サポーターズクラブのみんな、いつも本当にありがとう！感謝しています。

コミュニケーションには正解がありません。ですから、悩むこと、迷うこともたくさんあると思います。

そんなときのために、私の支えになってくれているウエイン・W・ダイアーさんの言葉をご紹介して、終わりにしたいと思います。

正しさとやさしさを選べるなら、やさしさを選ぼう。
If you have a choice between being right and being kind, choose kind.

皆さまの幸せを、心から祈っています。

２０２１年９月

西任暁子

【購入特典】
本書の各章最後に掲載しているチェックリストを一覧にまとめたチェックシート（ＰＤＦ）をこちらからダウンロードいただけます。詳しくはこちらをご覧ください。

［ＵＲＬ］https://d21.co.jp/special/conversation/
［ログインＩＤ］discover2781
［ログインパスワード］conversation

話すより10倍ラク! 新 聞く会話術

発行日　2021年10月25日　第1刷
　　　　2021年12月14日　第2刷

Author　西任暁子

Illustrator　キタハラケンタ
Book Designer　三森健太（JUNGLE）

Publication　株式会社ディスカヴァー・トゥエンティワン
〒102-0093　東京都千代田区平河町2-16-1 平河町森タワー11F
TEL　03-3237-8321（代表） 03-3237-8345（営業）　FAX　03-3237-8323
https://d21.co.jp/

Publisher　谷口奈緒美
Editor　千葉正幸

Store Sales Company　安永智洋　伊東佑真　榊原僚　佐藤昌幸　古矢薫　青木翔平　青木涼馬　井筒浩　小田木もも　越智佳南子　小山怜那　川本寛子　佐竹祐哉　佐藤淳基　佐々木玲奈　副島杏南　高橋雛乃　滝口景太郎　竹内大貴　辰巳佳衣　津野主揮　野村美空　羽地夕夏　廣内悠理　松ノ下直輝　宮田有利子　山中麻吏　井澤徳子　石橋佐知子　伊藤香　葛目美枝子　鈴木洋子　畑野衣見　藤井かおり　藤井多穂子　町田加奈子

EPublishing Company　三輪真也　小田孝文　飯田智樹　川島理　中島俊平　松原史与志　磯部隆　大崎双葉　岡本雄太郎　越野志絵良　斎藤悠人　庄司知世　中西花　西川なつか　野﨑竜海　野中保奈美　三角真穂　八木眸　高原未来子　中澤泰宏　伊藤由美　俵敬子

Product Company　大山聡子　大竹朝子　小関勝則　千葉正幸　原典宏　藤田浩芳　榎本明日香　倉田華　志摩麻衣　舘瑞恵　橋本莉奈　牧野類　三谷祐一　元木優子　安永姫菜　渡辺基志　小石亜季

Business Solution Company　蛯原昇　早水真吾　志摩晃司　野村美紀　林秀樹　南健一　村尾純司

Corporate Design Group　森谷真一　大星多聞　堀部直人　村松伸哉　井上竜之介　王廳　奥田千晶　佐藤サラ圭　杉田彰子　田中亜紀　福永友紀　山田諭志　池田望　石光まゆ子　齋藤朋子　竹村あゆみ　福田章平　丸山香織　宮崎陽子　阿知波淳平　伊藤花笑　伊藤沙恵　岩城萌花　岩淵瞭　内堀瑞穂　遠藤文香　王玮祎　大野真里菜　大場美範　小田日和　加藤沙葵　金子瑞実　河北美汐　吉川由莉　菊地美恵　工藤奈津子　黒野有花　小林雅治　坂上めぐみ　佐瀬遥香　鈴木あさひ　関紗也乃　高田彩菜　瀧山響子　田澤愛実　田中真悠　田山礼真　玉井里奈　鶴岡蒼也　道玄萌　富永啓　中島魁星　永田健太　夏山千穂　原千晶　平池輝　日吉理咲　星明里　峯岸美有　森脇隆登

Proofreader　文字工房燦光　DTP　小林祐司　Printing　中央精版印刷株式会社

https://d21.co.jp/inquiry/

ISBN978-4-7993-2781-4